MARY HIGGINS CLARK

FÜRCHTE DICH NICHT

Erzählungen

Aus dem Englischen
von Liselotte Julius

WILHELM HEYNE VERLAG
MÜNCHEN

HEYNE ALLGEMEINE REIHE
Nr. 01/9406

Titel der Originalausgabe
DEATH ON THE CAPE
AND OTHER STORIES

Der 1. Teil der Erzählungen ist bereits in der
Allgemeinen Reihe mit dem Titel »Träum süß, kleine Schwester«
(Nr. 01/8738) erschienen.

Redaktion: Birgit Groll

ISBN: 3-453-08232-X

Inhalt

Ausgetrickst

An einem Nachmittag im August kamen sie in dem Ferienhaus an, das sie in Dennis, einem Dorf auf Cape Cod, gemietet hatten. Kurz darauf stellte Alvirah Meehan fest, daß mit ihrer Nachbarin, einer erschreckend mageren jungen Frau, schätzungsweise Ende Zwanzig, etwas nicht stimmte.

Zunächst schauten sich Alvirah und Willy ein bißchen im Haus um, äußerten sich beifällig über das Himmelbett aus Ahornholz, die rutschfesten Brücken, die freundliche Küche und die frische, aromatische Meeresbrise, dann packten sie ihre teure neue Garderobe aus. Nachdem er die Koffer, ein luxuriöses Set von Vuitton, weggeräumt hatte, schenkte Willy für sich und Alvirah ein kühles Bier ein, das sie im Vorgarten mit Blick auf die Bucht von Cape Cod trinken wollten.

Willy machte es sich auf einem gepolsterten Korbliegestuhl bequem, der für seine rundliche Figur wie geschaffen war, und bemerkte zufrieden, daß sie einen tollen Sonnenuntergang und gottlob endlich etwas Ruhe und Frieden zu erwarten hätten. Vor zwei Jahren hatten sie vierzig Millionen Dollar in der Lotterie des Staates New York gewonnen. Und seitdem war Alvirah ihm wie ein wandelnder Blitzableiter vorgekommen. Als erstes fuhr sie nach Kalifornien, ins berühmte Cypress Point Spa, und wäre dort um ein Haar ermordet worden. Dann unternahmen sie gemeinsam eine Kreuzfahrt nach Alaska, und auf der wurde ausgerechnet ihr Tischnachbar um die Ecke gebracht. Dennoch war Willy mit der abgeklärten Weisheit seiner 59 Jahre überzeugt davon, daß sie hier auf Cape Cod zumindest die Ruhe finden würden, nach der er bisher vergeblich gesucht hatte. Wenn Alvirah über diesen Urlaub einen Artikel für den *New York Globe* schreiben würde, wäre darin nur vom Wetter und Angeln die Rede.

Alvirah saß am Gartentisch in Reichweite und hörte ihm zu. Wenn sie doch bloß daran gedacht hätte, einen Sonnenhut aufzusetzen! Die Kosmetikerin bei Sassoon hatte sie ausdrücklich davor gewarnt. »Für Ihr Haar ist diese dezente rötliche Tönung jetzt einfach optimal, Mrs. Meehan. Da wollen wir uns doch keine häßlichen gelben Strähnen zulegen, nicht wahr?«

Nachdem sie sich von dem Mordanschlag in Cypress Point Spa erholt hatte, konnte sie die dreitausend Dollar für die Abmagerungskur dort glatt abschreiben; die Waage zeigte wieder ihr altes Gewicht an, und ihre Kleidergröße schwankte zwischen 42 und 46. Doch Willy betonte regelmäßig, jetzt wisse er wenigstens, daß er eine Frau in den Armen halte und keinen von diesen halbverhungerten Zombies in den Modejournalen, die Alvirah so begeistert studierte.

In vierzig harmonischen Ehejahren hatte Alvirah die Fähigkeit entwickelt, mit einem Ohr Willys Redefluß liebevoll zu lauschen und das andere zuzuklappen. Als sie den Blick jetzt über die Häuser auf dem grasbewachsenen Sanddamm, der als Deich diente, wandern ließ und dann hinunter zu dem blaugrün schillernden Wasser und dem mit Steinen übersäten Strand, dachte sie beunruhigt, daß Willy vielleicht doch recht hatte. Sicher, das Kap war wunderschön, und sie hatte sich von jeher gewünscht, es kennenzulernen; trotzdem konnte es durchaus sein, daß sie hier keinen Stoff für einen Artikel fand, der Charley Evans, ihrem Chefredakteur, interessant genug erschien für eine Veröffentlichung.

Vor zwei Jahren hatte Charley einen Reporter zu den Meehans geschickt, der sie interviewte, wie man sich denn mit einem Lotteriegewinn von vierzig Millionen Dollar fühle. Was würden sie damit anfangen? Alvirah war Putzfrau, Willy Klempner. Gedachten sie weiterzuarbeiten?

Alvirah hatte dem Reporter unmißverständlich klargemacht, so dämlich wäre sie nun wahrhaftig nicht. Einen Besen würde sie erst wieder zu Hand nehmen, wenn sie als Hexe auf einen Kostümball ginge. Danach hatte sie all die Dinge aufgezählt, die sie gern tun wollte, und Punkt eins war der Besuch in Cypress Point Spa – wo sie mit all den Berühmtheiten zusammensein wollte, von denen sie ihr Leben lang gelesen hatte.

Das war der Anlaß für Charley Evans, den Chefredakteur vom *Globe*, sie um einen Artikel über ihren Aufenthalt in Cypress Point zu bitten. Er gab ihr eine rosettenförmige Anstecknadel mit eingebautem Mikrofon, so daß sie ihre sämtlichen Gespräche aufzeichnen und das Band abspielen konnte, wenn sie ihren Artikel schrieb.

Beim Gedanken an ihre Brosche mußte Alvirah unwillkürlich lächeln.

Sie hatte sich in Cypress Point gehörig in die Nesseln gesetzt, wie Willy das ausdrückte. Sie war dahintergekommen, was wirklich vor sich ging, und wäre deshalb um ein Haar ermordet worden. Trotzdem hatte sie die ganze Aufregung genossen, und jetzt verband sie mit allen dort eine herzliche Freundschaft, und sie konnte jedes Jahr als Gast nach Cypress Point kommen. Und als Dank für ihre Hilfe bei der Aufklärung des Mordes auf dem Schiff im vorigen Jahr waren sie beide zu einer kostenlosen Kreuzfahrt nach Alaska eingeladen, wann immer sie wollten.

Cape Cod war wunderschön, doch Alvirah wurde den schleichenden Verdacht nicht los, daß dies zu einem ganz normalen Urlaub geraten könnte und daher völlig ungeeignet für eine Veröffentlichung im *Globe* wäre.

Genau in diesem Augenblick schaute sie hinüber zu der Hecke, die ihr Grundstück auf der rechten Seite einzäunte, und bemerkte eine junge Frau, die nebenan am Geländer ihrer Veranda stand und düster auf die Bucht hinunterstarrte.

Es war die Art, wie ihre Hände das Geländer umklammerten – hochgradige Anspannung, dachte Alvirah. »Sie vibriert ja förmlich«. Es war die Art, wie die junge Frau den Kopf wandte, Alvirah direkt in die Augen sah, sich dann wieder wegdrehte. »Sie hat mich nicht mal wahrgenommen«, befand Alvirah. Obwohl die Entfernung zwischen ihnen fünfzehn bis zwanzig Meter betrug, spürte sie den Schmerz und die Verzweiflung, die von der jungen Frau ausstrahlten.

Höchste Zeit, in Erfahrung zu bringen, was da los war. »Ich glaube, ich mach' mich mal eben mit unserer Nachbarin bekannt«, teilte sie Willy mit. »Bei der ist irgendwas im Busch«. Sie erhob sich und schlenderte zu der Hecke hinüber. »Hallo«, begann sie mit äußerster Wärme. »Ich hab' Sie reinfahren sehen. Wir sind vor zwei Stunden angekommen, da ist es ja wohl an uns, Sie hier zu begrüßen. Ich bin Alvirah Meehan.«

Die junge Frau drehte sich um, und Alvirah empfand sofort tiefes Mitgefühl. Sie muß eine schwere Krankheit hinter sich haben, dachte sie. Diese geisterhafte Blässe, die erschlafften Arm- und Beinmuskeln. »Ich bin hergekommen, weil ich allein sein möchte, ich lege keinen Wert auf Gesellschaft«, erklärte sie ruhig. »Entschuldigen Sie mich bitte.«

Damit hätte sich der Fall vermutlich erledigt, wie Alvirah später feststellte, doch als die junge Frau auf dem Absatz kehrtmachte, stolperte sie über einen Schemel und stürzte auf die Veranda. Alvirah eilte ihr zu Hilfe und lehnte es energisch ab, sie allein ins Haus gehen zu lassen. Und weil sie sich für den Unfall mitverantwortlich fühlte, versorgte sie das rasch anschwellende Handgelenk mit einer Eispackung. Sie überzeugte sich, daß es nur verstaucht war, kochte ihr eine Tasse Tee und erfuhr dabei, daß sie Cynthia Rogers hieß, Lehrerin war und aus Illinois stammte. Diese Mitteilung ließ Alvirah aufhorchen, dann klingelte es bei ihr, und binnen zehn Minuten hatte sie die neue Nachbarin erkannt, wie sie Willy berichtete, als sie eine Stunde später zurückkam. »Von mir aus soll sie sich Cynthia Rogers nennen, aber ihr richtiger Name ist Cynthia Lathem. Vor zwölf Jahren ist sie wegen Mordes an ihrem Stiefvater verurteilt worden. Der war stinkreich. Ich erinnere mich an den Prozeß, als wär's gestern gewesen.«

»Du erinnerst dich an alles, als sei's gestern passiert«, kommentierte Willy.

»Stimmt auffallend. Du weißt doch genau, wie ich solche Berichte über Mordfälle immer verschlinge. Die Sache ist jedenfalls hier auf Cape Cod passiert. Cynthia hat geschworen, sie wäre unschuldig, und dauernd von einer Zeugin gesprochen, die bestätigen könnte, daß sie um die Tatzeit außer Hause war; aber die Geschworenen haben ihr die Geschichte nicht abgenommen. Ich frag' mich, warum sie zurückgekommen ist. Ich muß im *Globe* anrufen; Charley Evans soll mir alles herschicken, was sie im Archiv darüber haben.« Alvirahs Augen begannen zu blitzen und zu funkeln, als sie fortfuhr: »Vielleicht sucht sie immer noch nach der verschwundenen Zeugin, die ihre Geschichte bestätigen kann. Meine Güte, Willy, das wird 'ne aufregende Zeit, ich spür's in den Knochen!«

Zu Willys Schrecken holte Alvirah aus der obersten Schublade der Frisierkommode die bewußte Brosche mit dem eingebauten Mikrofon und machte sich dann zielstrebig daran, ihren Chefredakteur in New York unter seiner direkten Durchwahlnummer zu erreichen.

An jenem Abend aßen Willy und Alvirah im *Red Pheasant Inn*. Alvirah trug ein beige und blau gemustertes Baumwollkleid, das sie bei Bergdorf Goodman gekauft hatte, das aber, wie sie sich bei Willy beschwerte, an ihr auch nicht viel anders aussah als das damals, kurz vor dem Lotteriegewinn, in einem Ramschladen erstandene Sonderangebot. »Ich bin eben zu dick, daran liegt's«, jammerte sie und bestrich einen warmen Preiselbeermuffin mit Butter. »Also diese Muffins hier schmecken einfach himmlisch. Du, Willy, ich bin richtig froh, daß du dir die gelbe Leinenjacke gekauft hast. Die bringt deine blauen Augen prima zur Geltung, und dein Haar ist auch immer noch so schön voll.«

»Ich komm' mir vor wie ein Kanarienvogel mit zwei Zentnern Lebendgewicht«, meinte Willy. »Aber Hauptsache, dir gefällt's.«

Nach dem Abendessen gingen sie ins *Cape Cod Playhouse* und bewunderten Debbie Reynolds in einer neuen Komödie, die nach der Erprobung in der Provinz am Broadway herauskommen sollte. Als sie in der Pause auf dem Rasen vor dem Theater ein Ginger Ale tranken, verbreitete sich Alvirah über Debbie Reynolds, für die sie von jeher eine Vorliebe hatte, schon seit deren gemeinsamen Auftritten mit Mickey Rooney in Musicals, und über die furchtbare Geschichte, wie Eddie Fisher sie mit den zwei kleinen Kindern hatte sitzenlassen. »Und was hat es ihm gebracht?« sinnierte Alvirah, als das Ende der Pause signalisiert wurde. »Viel Glück hat er danach nicht mehr gehabt. Wer unrecht handelt, kriegt am Schluß eben doch die Quittung präsentiert.« Dabei mußte Alvirah wieder an ihre Nachbarin denken, und sie fragte sich, ob Charley Evans das erbetene Material mit Eilboten abgeschickt hatte. Hoffentlich – sie konnte kaum abwarten, es zu lesen.

Während Alvirah und Willy sich über Debbie Reynolds amüsierten, begann Cynthia Lathem endlich klar zu werden, daß sie tatsächlich frei war, daß zwölf Jahre Haft hinter ihr lagen. Vor zwölf Jahren... Ihr vorletztes Studienjahr vor der Graduierung an der *Rhode Island School of Design* hatte gerade angefangen, als ihr Stiefvater Stuart Richards im Arbeitszimmer seiner Villa, einem stattlichen Kapitänshaus aus dem 18. Jahrhundert in Dennis, erschossen aufgefunden wurde.

Am Nachmittag war Cynthia auf dem Weg zum Ferienhaus dort vorbeigefahren und von der Straße abgebogen, um es genau zu betrachten. Wer wohnte jetzt wohl in der Villa? Hatte ihre Stiefschwester Lillian das Anwesen verkauft oder es behalten? Es war seit drei Generationen im Familienbesitz, doch sentimental war Lillian Richards noch nie gewesen. Und dann hatte Cynthia Gas gegeben, wie gejagt von den auf sie einstürmenden Erinnerungen an jene grauenhafte Nacht und an die darauffolgenden Tage. Die Anklage. Haft, Verhör, Verhandlungen. Ihre feste Zuversicht zu Anfang: »Ich kann einwandfrei nachweisen, daß ich um 20 Uhr das Haus verlassen habe und erst nach Mitternacht zurückgekommen bin. Ich hatte eine Verabredung.«

Fröstelnd wickelte Cynthia den hellblauen wollenen Morgenmantel enger um den schlanken Körper. Als sie ins Gefängnis ging, hatte sie 57 Kilo gewogen; ihr jetziges Gewicht von knapp 50 Kilo war bei 1,70 Meter Größe entschieden zu wenig. Ihr früher dunkelblondes Haar war in diesen Jahren mittelbraun geworden. Fad, dachte sie beim Bürsten. Die haselnußbraunen Augen, die sie von ihrer Mutter geerbt hatte, blickten teilnahmslos, leer. An jenem letzten Tag hatte Stuart Richards beim Lunch erklärt: »Du siehst deiner Mutter immer ähnlicher. Ich hätte soviel Verstand haben müssen, sie nicht aufzugeben.« Von seinen beiden Ehen hatte die mit ihrer Mutter am längsten gehalten. Als sie heirateten, war Cynthia acht und bei der Scheidung gerade zwölf. Lillian, sein einziges leibliches Kind, zehn Jahre älter als Cynthia, lebte bei ihrer Mutter in New York und kam selten nach Cape Cod.

Cynthia legte die Bürste auf die Frisierkommode. War es ein verrückter Einfall, diese Gegend wieder aufzusuchen? Zwei Wochen aus dem Gefängnis entlassen, kaum genügend Geld für die nächsten sechs Monate, keine Ahnung, was sie mit ihrem Leben anfangen könnte oder sollte. Hätte sie sich die Miete für dieses Haus, für den Wagen überhaupt leisten dürfen? Gab es dafür auch nur den leisesten plausiblen Grund? Was hoffte sie, damit zu erreichen?

Eine Stecknadel im Heuhaufen, dachte sie. Als sie in das kleine Wohnzimmer ging, zog sie einen Vergleich zwischen Stuarts prachtvoller Villa und diesem winzigen Häuschen, das ihr freilich nach Jahren der Haft wie ein Palast vorkam. Draußen peitschte der Wind die aufschäumende Brandung in die Bucht. Cynthia trat hinaus auf die Veranda, ohne sonderlich auf das pochende Handgelenk zu achten, kreuzte die Arme über der Brust, zum Schutz gegen die Kälte. Aber dann – frische, reine Luft zu atmen, zu wissen, daß sie kein Mensch daran hindern konnte, bei Tagesanbruch aufzustehen und am Strand spazierenzugehen wie in ihrer Kindheit, wenn sie Lust hatte. Der Mond, dreiviertelvoll, übergoß das Wasser mit silbrigem mitternachtsblauem Schimmer; an den nicht beschienenen Stellen wirkte es dunkel, unergründlich.

Cynthia blickte unverwandt aufs Meer, während sie an die Nacht dachte, in der Stuart erschossen wurde. In jenem Sommer hatte sie ein paar zusätzliche Kurse an der Universität belegt, weil sie durch viel Arbeit über den plötzlichen Tod ihrer Mutter vor drei Monaten hinwegzukommen hoffte. Stuart hatte sie telefonisch über das Wochenende eingeladen. »Ich war in Europa«, erklärte er. »Deswegen hab' ich's eben erst erfahren. Es tut mir so leid, Cindy.«

Sie war zu ihm gefahren, weil sie wußte, daß Stuart, bei all seiner Schwierigkeit und Egozentrik, ihre Mutter auf seine Weise geliebt hatte, und weil sie das Gefühl brauchte, daß er an ihrem tiefen Schmerz ein wenig Anteil nahm.

Stuart war damals um die Sechzig, gutaussehend – weißes Haar, lebhafte blaue Augen, beeindruckendes Profil, straffe Haltung. Ein erfolgreicher Geschäftsmann, der aus einem bescheidenen Erbe zwanzig Millionen Dollar gemacht hatte, ein Mann, der charmant sein konnte, der aber mit seinen Wutausbrüchen Ehefrauen, Freunde und Angestellte verscheuchte.

An jenem Wochenende war es trübe und bewölkt. Stuarts Stimmung entsprach dem Wetter: niedergeschlagen, in sich gekehrt. Seine Haushälterin habe gekündigt, erzählte er, jetzt müsse er sich mit einer Putzfrau behelfen, die vormittags nur ein paar Stunden zum Saubermachen komme.

Am Freitag hatten sie im *Wianno Country Club* zu Abend gegessen. Er wiederholte mehrmals, daß sie ihrer Mutter immer ähnlicher werde. Er erkundigte sich eingehend nach ihren Finanzen. »Deine Mutter war im Umgang mit Geld immer sehr großzügig. Ich wette, sie hat die Abfindung auf den Kopf gehauen.«

So üppig war die Abfindung auch nicht gewesen. Cynthia erinnerte sich an ihren rasch aufschießenden Groll, als sie erwiderte: »Du hast gesagt, es tut dir leid, sie nicht gehalten zu haben. Da liegst du ganz richtig. Wenn du ihr nicht jeden Cent vorgerechnet hättest, wäre sie nicht weggegangen. Sie liebte dich immer noch, auch nachher.«

Die berüchtigte Zornesröte hatte Stuarts Gesicht übergossen. »Ich hab' dich hierher eingeladen, weil ich mich irgendwie für dich verantwortlich fühle, Schätzchen, und weil ich mich mit dir über deine Zukunft unterhalten wollte. Untersteh dich, an mir rumzumäkeln.«

In diesem Moment wurde ihr bewußt, daß jemand um die Hausecke auf die rückwärtige Veranda zukam und sie vermutlich belauscht hatte. Samstagnachmittag. Der Anfang des Alptraums.

Stuart begrüßte den Ankömmling herzlich und machte sie miteinander bekannt. Ned Creighton. »Ich kenne Ned seit seiner Geburt«, erklärte er. »Wie lang ist das jetzt her, Ned?«

»Beinah dreißig Jahre.« Er lächelte zu Cynthia hinüber. »Wir sind uns schon mal in einem Sommer begegnet, Cynthia. Sie waren da ungefähr zehn. Seitdem haben Sie sich ganz hübsch rausgemacht.« Ein gewinnendes Lächeln.

Sie konnte sich zwar nicht erinnern, entschied aber spontan, das müsse an einem jener seltenen Wochenenden gewesen sein, zu denen Lillian erschienen war. Es überraschte sie, daß sie Ned überhaupt kennengelernt hatte, da Lillian sie aus Haß nie in irgend etwas einbezog. Als Ned sie später zum Dinner und zu einer Fahrt in seinem neuen Boot einlud, hatte Stuart darauf bestanden, daß sie mitging. »Ich hab' einen Haufen Schreibkram zu erledigen. Dinge, die ich morgen mit dir besprechen möchte. Geld. Und mein Testament, zum Beispiel.« Seine Miene hatte sich verdüstert.

Sie und Ned hatten im *Captain's Table* zu Abend gegessen. Er war fröhlich und amüsant. »Ich fand, Sie verdienen was Besseres, als ein Wochenende mit Stuart ohne jede Unterbrechung zu verbringen. Der haut einen doch glatt um, was? Als Kind hab' ich aus lauter Angst vor ihm nie den Mund aufgekriegt.« Lachfältchen um die Augen, das sonnengebleichte Haar, das zu den porzellanblauen Augen konstrastrierte, der schlanke, muskulöse Körper, den Sporthemd, grüne Leinenjacke und weiße Hose voll zur Geltung brachten, mit einem Wort: der Charme in Person. Er beabsichtigte, eine alte Villa in Barnstable zu kaufen und sie zu einem Lokal umzubauen, erzählte er ihr; die notwendigen Investitionen seien auch schon abgesichert. »Tolle Lage. Könnte ein Volltreffer werden. Vielleicht lade ich Sie nächstes Jahr um diese Zeit dorthin ein und lasse Ihnen ein Essen servieren, wie Sie es nirgends auf Cape Cod finden.«

Er erkundigte sich nach ihren Plänen. »Ich möchte das College abschließen. Stuart hat mein Studium bezahlt. Dazu ist er ja nicht verpflichtet. Ich glaube, er war so großzügig zu mir, weil er immer noch hoffte, meine Mutter zurückzugewinnen, und das geht ja nun nicht mehr. Stuart tut nichts ohne Gegenleistung. Haben Sie seine Bemerkung über Geld und sein Testament mitgekriegt?«

Ned nickte. »Ja. Viel Glück.«

Cynthia erinnerte sich, wie sie lachend festgestellt

hatte, daß sie das Kap auf dieser Seite überhaupt nicht kannte. Vom *Captain's Table* waren sie vierzig Minuten zu einem privaten Anlegeplatz in der Gegend vom Cotuit gefahren, eine einsame Stelle hinter einem offenbar unbewohntem Haus.

Ned wies auf das 6,5 Meter lange Motorboot und bemerkte: »In zwei Jahren lade ich Sie zu einem Ausflug auf meine Jacht ein.« Er steuerte so weit hinaus in die Bucht, daß die Küstenlinie kaum noch zu erkennen war. Eine dunkle, bewölkte Nacht mit frischer Brise und Salzgeruch. Weit und breit kein Boot zu erblicken. Ned warf den Anker aus. »Höchste Zeit für einen Umtrunk.«

In den endlosen Stunden ihrer Haft dachte Cynthia immer wieder über diese Nacht nach. Ned, wie er die Champagnerflasche öffnete, ihr gegenübersaß, lächelnd, ihr Glas nachfüllte, sich mit ihr einig war über die Faszination, die Cape Cod auf jeden ausübte. »Es hat mir unheimlich gefehlt«, hatte sie ihm gestanden. Zum erstenmal seit dem Tod ihrer Mutter fühlte sie sich unbeschwert, erzählte ihm von ihren beruflichen Plänen, daß sie Gebrauchsgraphikerin werden wollte. Er stellte intelligente Fragen. Wo sie sich zu bewerben gedenke? Wahrscheinlich in New York, antwortete sie, es gab ja jetzt keine familiären Bindungen mehr in Boston.

Er erkundigte sich nach ihrem Verhältnis zu Stuart. Zum Zeitpunkt der Scheidung habe sie ihn regelrecht gehaßt, erwiderte sie. »Ich war doch erst zwölf. Ich erkannte genau, wie sehr meine Mutter ihn liebte, aber sie konnte eben nicht mit ihm leben. Wenn Sie ihn gut kennen, haben Sie vermutlich auch seine Stimmungsumschwünge mitgekriegt. Er konnte furchtbar despotisch sein. Bei der kleinsten Unordnung bekam er einen Tobsuchtsanfall, brüllte meine Mutter an und warf ihr vor, sie könne eben nicht richtig mit dem Personal umgehen. Sie war wirklich bildschön, aber sobald sie zu einem wichtigen Dinner gingen, erklärte er ihr jedesmal kurz davor, ihm gefalle ihr Kleid nicht. Und so wurde aus einer glücklichen Frau voller Selbstvertrauen ein Nervenbündel, das schon zu zittern anfing, wenn eine Tür zuknallte. Komischerweise war er zu mir immer sehr freundlich. Er wollte mich sogar adoptieren. Das hat sie nicht zugelassen.«

»Haben Sie ihn in den vergangenen sieben Jahren oft gesehen?« wollte Ned wissen.

»Nicht oft. Er wohnte den Winter über in New York und war viel auf Reisen. Aber er kam zwei- bis dreimal im Jahr vorbei und holte mich zum Essen ab. Am Telefon sagte er immer: ›Richte bitte deiner Mutter aus, wenn sie uns begleiten möchte, würde ich mich sehr freuen.‹. Das tat sie nie, und ich frage mich manchmal, ob Stuart wirklich daran lag, mich zu sehen, oder ob er nur etwas über sie erfahren wollte. Andererseits war er der einzige, den ich je als Vater erlebt habe, deshalb freute ich mich auf unser Zusammensein, und zugleich tat er mir irgendwie leid. Ganz schön verrückt, oder?«

Dann hatte sie gesagt: »Es ist schon reichlich spät, allmählich wird's Zeit für die Rückfahrt.« Doch als Ned zu starten versuchte, sprang der Motor nicht an. »Und das verdammte Funkgerät ist nicht angeschlossen«, murrte er. »Kein Grund zur Aufregung. Ich krieg' das schon irgendwie hin.«

Es war kurz vor elf, als der Motor endlich lostuckerte. Cynthia hatte inzwischen einen Mordshunger. Deshalb fragte sie nach dem Anlegen, ob er nicht unterwegs kurz anhalten und einen Hamburger holen könnte.

»Warum machen Sie sich nicht lieber zu Hause was zurecht?« meinte Ned ungeduldig.

»Weil man eben in Stuarts Küche nicht herum-murkst«, antwortete sie lachend.

Er fuhr zu einem einschlägigen Lokal, aus dem ohrenbetäubende Rockmusik drang. »Warten Sie hier im Wagen«, sagte er. Das war ein Befehl, wie Cynthia später klar wurde.

Sie kurbelte das Fenster herunter und beobachtete amüsiert die korpulente Frau im Auto nebenan, die sie nicht bemerkte und ihrem Herzen Luft machte: »Diese Rotznasen töten einem noch den letzten Nerv mit ihrem Radau. Vierzig Jahre am Kap, und von Tag zu Tag wird's schlimmer mit dem Krach.«

Bei diesen Worten stieß sie ihre Wagentür auf, die seitwärts gegen Neds Buick knallte. Die Frau steckte den Kopf durch das offene Wagenfenster. »Also das tut mir ehrlich leid. Bei dem ewigen Rock-and-Roll-Getöse möcht ich ja am liebsten jemand umbringen, aber ich lasse meine Wut sicher nicht an fremdem Eigentum aus.« Sie zog den Kopf zurück und untersuchte die Seitenfront von Neds Wagen gründlich. »Nicht mal 'ne Delle. Ehrenwort.«

»Das glaub ich auch«, erwiderte Cynthia. Sie blickte der Frau nach, als sie auf die Tür des Lokals zuging. Mitte bis Ende Vierzig, untersetzt, orangerot gefärbtes Haar, Stufenschnitt, Kittelbluse, Lastexhose, energischer, zielstrebiger Gang.

Ned kam sichtlich verärgert zurück, in der Hand eine Schachtel. »Diese verdammten Gören können sich einfach nicht entschließen, was sie bestellen sollen. Falls ihr Spatzenhirn überhaupt so weit reicht.«

Aus igendeinem Grund entschied Cynthia, ihm nichts von der Begegnung mit der Frau zu erzählen. Die Stimmung war sowieso verflogen. Ned gab ihr die Schachtel mit dem Hamburger und erklärte barsch, er habe keinen Hunger. Für sich hatte er nichts gekauft.

Die Rückfahrt nach Dennis über unbekannte Straßen dauerte fünfundvierzig Minuten. Ned öffnete ihr die Wagentür, als sie vor Stuarts Haus hielten. »Das war toll, Cynthia«, verabschiedete er sich hastig.

Die Unhöflichkeit, sie nicht zur Haustür zu begleiten, konsternierte Cynthia ebenso, wie sie dieser fluchtartige Aufbruch enttäuschte; sie betrat das stille Haus, bemerkte das Licht in Stuarts Arbeitszimmer, klopfte an die einen Spaltbreit geöffnete Tür und blickte dann hinein. Stuart lag neben seinem Schreibtisch auf den Boden hingestreckt – blutbedeckte Stirn, blutverkrustetes Gesicht, blutgetränkter Teppich. Sie war zu ihm geeilt, in der Annahme, es könnte ein Schlaganfall gewesen sein, der ihn stürzen ließ. Als sie ihm die Hand auf den Kopf legte und das Haar zurückstrich, sah sie die Einschußstelle an der Stirn, dann die Waffe neben seiner Hand, hob sie wie betäubt auf, legte sie auf den Schreibtisch und rief die Polizei an. »Ich glaube, mein Stiefvater Stuart Richards hat Selbstmord begangen.« Die Polizei fand Cynthia neben dem Toten sitzend vor – im Schock.

Als man ihre Darstellung überprüfte, schwor Ned, nach 20 Uhr nicht mehr mit ihr zusammengewesen zu sein. »Ich hab' sie direkt vom *Captain's Table* heimgebracht«, erklärte er. »Ihr Stiefvater wollte Familienangelegenheiten mit ihr besprechen.«

Cynthia schüttelte den Kopf. Schluß jetzt mit den Erinnerungen an jene Nacht. Höchste Zeit, die friedliche Stille hier auf sich wirken zu lassen und zu Bett zu gehen. Sie ließ die Fenster weit geöffnet, so daß der aufkommende heftige Nachtwind durch die Räume fegte, die Kopfkissen aufplusterte, sie im Schlaf

21

nötigte, sich fester in die Bettdecke einzuwickeln. Sie wachte zeitig auf und ging zum Strand, spürte den feuchten Sand unter den Füßen und suchte Muscheln, wie sie es als Kind getan hatte. Morgen... Morgen früh würde sie es noch einmal probieren, innerlich aufzutanken und dann mit der Suche zu beginnen, die wahrscheinlich aussichtslos war, der Suche nach dem einzigen Menschen, der wußte, daß sie die Wahrheit gesagt hatte.

Am nächsten Morgen fuhr Willy ins Dorf, um die Zeitungen zu holen, während Alvirah das Frühstück zubereitete. Er brachte zusätzlich eine Tüte mit ofenfrischen Blaubeer-Muffins mit. »Ich hab' rumgefragt«, erzählte er der entzückten Alvirah. »Ich soll zu *Just Desserts* neben der Post gehen, dort gibt's die besten Muffins auf Cape Cod, das hat mir jeder gesagt.«

Sie frühstückten im Vorgarten. Während sie genußvoll das zweite Blaubeer-Muffin verspeiste, beobachtete Alvirah die Frühaufsteher beim Jogging am Strand. »Schau mal, da ist sie!«

»Wer denn?«

»Cynthia Lathem. Sie ist seit wenigstens anderthalb Stunden auf Trab. Ich wette, sie ist halb verhungert.«

Als Cynthia vom Strand heraufkam, wurde sie an den Stufen zu ihrer Terrasse von Alvirah abgefangen, die sich strahlend bei ihr einhakte. »Ich koche den besten Kaffee weit und breit und habe frisch ausgepreßten Orangensaft zu bieten. Und warten Sie, bis Sie erst die Blaubeer-Muffins kosten.«

»Ich möchte wirklich nicht...« Cynthia versuchte einen Rückzieher, wurde aber über den Rasen dirigiert. Willy sprang auf und rückte eine Bank für sie zurecht.

»Wie steht's mit Ihrem Handgelenk?« erkundigte er

sich. »Alvirah war ganz außer sich, daß Sie sich's ausgerechnet bei ihrem Besuch verstaucht haben.«

Cynthia spürte, wie die aufsteigende Verärgerung sich wieder legte, als sie die echte Wärme und Herzlichkeit in beiden Gesichtern entdeckte. Willy – mit seinen runden Wangen, der offenen, freundlichen Miene und dem vollen weißen Schopf – erinnerte sie an Tip O'Neill. Das sagte sie ihm.

Willy strahlte. »Eben in der Bäckerei hat das auch wer festgestellt. Da gibt's nur einen Unterschied – Tip hat als Sprecher des Repräsentantenhauses in der Öffentlichkeit gewirkt, während ich die stillen Örtchen in Ordnung gebracht habe. Ich war mal Klempner, jetzt im Ruhestand.«

Cynthia trank frischen Orangensaft und Kaffee, aß den Muffin und hörte erst ungläubig, dann respektvoll zu, als Alvirah von dem Lotteriegewinn erzählte, von ihrem Aufenthalt in Cypress Point Spa, von ihrer Mitwirkung beim Aufspüren eines Mörders, dann von der Kreuzfahrt nach Alaska und der Entlarvung des Täters, der ihren Tischnachbarn umgebracht hatte.

Sie ließ sich eine zweite Tasse Kaffee nachschenken. »Sie haben mir das doch aus einem bestimmten Grund erzählt, nicht wahr?« fragte Cynthia. »Sie haben mich gestern wiedererkannt, richtig?«

Alvirah wurde ernst. »Ja.«

Cynthia schob ihren Stuhl zurück. »Sie waren sehr nett und möchten mir sicher helfen, aber das können Sie am besten dadurch tun, daß Sie mich in Ruhe lassen.«

Alvirah folgte der schlanken jugendlichen Gestalt mit den Blicken, als sie den Rasen überquerte. »Sie hat ein bißchen Sonne abgekriegt heut früh«, bemerkte sie. »Steht ihr prima. Ein paar Pfund mehr, und sie ist 'ne richtige Schönheit.«

»Mit Rausfüttern ist da nichts, und die Sonne kannst du ihr auch nicht auf Bestellung liefern«, kommentierte Willy. »Du hast doch gehört, wie sie explodiert ist.«

»Ach, vergiß es. Wenn Charley mir die Prozeßunterlagen schickt, laß ich mir schon was einfallen, wie man ihr helfen kann.«

»Großer Gott«, stöhnte Willy. »Ich hätt's wissen müssen. Da wären wir wieder mal soweit.«

»Keine Ahnung, wie Charley so was hinkriegt«, seufzte Alvirah ein paar Stunden später. Die Eilsendung war unmittelbar nach dem Frühstück angekommen. »Er hat alles geschickt, bis auf ein Protokoll der Gerichtsverhandlung, und das beschafft er innerhalb der nächsten zwei Tage.« Sie spitzte den Mund.

Willy ruhte auf dem gepolsterten Liegestuhl, den er sich als Stammplatz erkoren hatte, und war fast fertig mit dem Sportteil der vierten der am Morgen mitgebrachten Zeitungen. »Die Mets muß ich wohl abschreiben«, klagte er.

Alvirah hörte nicht zu. »Willy«, begann sie, und er erkannte am Ton, daß sie ihm eine wichtige Frage stellen wollte. »Glaubst du, das Mädchen ist verrückt?«

Er wußte sofort, wen sie meinte. »Ich finde, sie ist ein nettes Ding. Mir tut sie leid.«

»Mir auch. Hältst du sie für intelligent?«

»Ein ganz heller Kopf. Das merkt man doch gleich.«

»Du hast recht. Ich hab' jetzt sämtliche Zeitungsartikel über den Fall noch mal gelesen. Nun frag' ich dich: Wieso tischt eine intelligente junge Person, auch mit neunzehn, eine derart haarsträubende Lügengeschichte auf, wo sie zur Tatzeit war? Müßte sie nicht entweder übergeschnappt oder dämlich sein, wenn sie darauf setzt, daß ein Fremder ihretwegen lügt?« Alvirah schüttelte den Kopf. »Jemand lügt hier, das ist sonnenklar, aber nicht Cynthia, da bin ich absolut sicher. Also warum ist sie hergekommen?« Sie jubelte jetzt förmlich. »Ich verrat's dir, Willy. Sie möchte immer noch rausfinden, was in der Nacht damals mit Stuart Richards passiert ist. Und sie will ihren Namen reinwaschen.« Alvirah strahlte. »Ist das nicht ein Glück, daß ich gerade hier bin und ihr helfen kann?«

Willy ließ den Sportteil sinken. »Großer Gott«, murmelte er wiederum.

Nach dem ausgiebigen ruhigen Nachtschlaf und dem anschließenden Morgentraining begann sich die Gefühlsstarre zu lösen, in der Cynthia seit dem Schuldspruch der Geschworenen vor zwölf Jahren verharrt hatte. Beim Duschen und Anziehen dachte sie über diese Zeit nach, ein Alptraum, den sie nur dadurch überlebt hatte, daß sie ihre Emotionen quasi einfror. Sie war ein musterhafter Häftling, hatte ganz für sich gelebt, keine Freundschaften geschlossen. Sie hatte jede der angebotenen Ausbildungsmöglichkeiten wahrgenommen, zunächst in der Wäscherei und in der Küche gearbeitet und war dann als Schreibkraft in der Bibliothek und als Hilfslehrerin im Kunstunterricht eingesetzt worden. Und als sie nach einer Weile das Geschehene voll zu realisieren begann, hatte sie zu zeichnen angefangen. Das Gesicht der Frau auf dem Parkplatz. Das Lokal. Neds Motorboot. Jede Einzelheit, die sie ihrem Gedächtnis abringen konnte. Als sie fertig war, hatte sie Bilder von einer Imbißstube, wie man sie überall in den Vereinigten Staaten finden konnte, von einem Boot, das genau dem in jenem Jahr auf den Markt gebrachten Modell glich. Die Frau war ein wenig deutlicher geraten, aber auch nicht ner.nenswert. Es war dunkel gewesen. und die Begegnung hatte nur sekundenlang gedauert. Trotzdem war die Frau ihre einzige Hoffnung.

Das Resümee des Anklägers in der Schlußverhandlung: »Meine Damen und Herren Geschworenen, Cynthia Lathem kam am 2. August 1976 irgendwann zwischen 20.00 Uhr und 20.30 Uhr in das Haus von Stuart Richards zurück. Sie ging ins Arbeitszimmer ihres Stiefvaters. An jenem Nachmittag hatte Stuart Richards Cynthia mitgeteilt, daß er sein Testament zu ändern gedenke. Ned Creighton hatte dieses Gespräch mitgehört, hatte Cynthia und Stuart streiten hören. Vera Smith, die Kellnerin im *Captain's Table*, hörte Cynthias Äußerung Ned gegenüber, daß sie die Hochschule verlassen müsse, falls ihr Stiefvater sich weigerte, weiter für ihr Studium aufzukommen.

Cynthia Lathem kehrte an jenem Abend aufgebracht und von Ängsten gequält in Richards Villa zurück. Sie ging ins Arbeitszimer und bot Stuart Richards die Stirn. Er gehörte zu den Menschen, die sich ein Vergnügen daraus machen, ihre Umgebung aus der Fassung zu bringen. Er hatte sein Testament geändert. Er wäre am Leben geblieben, wenn er seiner Stieftochter mitgeteilt hätte, daß er ihr anstelle von ein paar tausend Dollar die Hälfte seines Vermögens hinterlassen würde. Statt dessen spielte er zu lange Katz und Maus mit ihr. Und ihr aufgespeicherter Groll darüber, wie er ihre Mutter behandelt hatte, die in ihr hochkochende Wut bei dem Gedanken, die Universität verlassen zu müssen, buchstäblich ohne einen Cent ins Leben gestoßen zu werden, lenkten ihre Schritte zu dem Schrank, in dem er eine Waffe aufbewahrte. Die nahm sie heraus und schoß dreimal direkt in die Stirn des Mannes, der sie so liebte, daß er sie als Erbin einsetzte.

Ironie des Schicksals. Eine Trägödie. Aber auch Mord.

Cynthia bat Net Creighton, auszusagen, sie habe den Abend mit ihm auf seinem Motorboot verbracht. Kein Mensch hat die beiden draußen auf dem Boot gesehen. Sie erwähnt eine Imbißstube, bei der sie gehalten hätten, um Hamburger zu kaufen. Aber sie weiß die Adresse nicht. Sie gibt zu, die Lokalität nicht betreten zu haben. Sie redet von einer Unbekannten mit orangerotem Haar, mit der sie auf einem Parkplatz gesprochen habe. Warum hat sich diese Frau nicht gemeldet, bei der enormen Publizität dieses Falles? Sie kennen den Grund. Weil sie nicht existiert. Weil sie, genau wie die Imbißstube und die auf einem Motorboot in der Bucht von Cape Cod verbrachten Stunden, ein reines Phantasieprodukt von Cynthia Lathem ist.«

Cynthia hatte das Prozeßprotokoll so oft gelesen, daß sie das Resümee des Staatsanwalts auswendig konnte. »Aber die Frau hat existiert«, sagte sie laut. »Es gibt sie.« Mit Hilfe der bescheidenen Versicherungssumme, die ihr die Mutter hinterlassen hatte, wollte sie in den nächsten sechs Monaten versuchen, diese Frau ausfindig zu machen. Vielleicht ist sie mittlerweile tot oder nach Kalifornien verzogen, dachte Cynthia, als sie sich das Haar bürstete und es zum Knoten drehte.

Vom Schlafzimmer des Hauses hatte man Aussicht aufs Meer. Cynthia ging zur Schiebetür und öffnete sie. Unten am Strand sah sie Eltern mit Kindern umherwandern. Falls sie jemals ein normales Leben führen wollte, mit Mann und Kind, mußte sie ihren Namen reinwaschen.

Jeff Knight. Sie hatte ihn voriges Jahr kennengelernt, bei den Dreharbeiten für eine Fernsehserie über weibliche Strafgefangene, die er interviewte. Seine Aufforderung, dabei mitzuwirken, hatte sie rundweg abgelehnt. Er ließ nicht locker, sein intelligentes, energisches

Gesicht verriet besorgte Anteilnahme. »Verstehen Sie das denn nicht, Cynthia, dieses Programm wird von Millionen Menschen in Neuengland gesehen. Die Frau, der Sie damals nachts kurz begegnet sind, könnte doch zu den Zuschauern gehören.«

Deshalb hatte sie mitgemacht, seine Fragen beantwortet, von der Nacht berichtet, in der Stuart umkam, die Porträtskizze der Frau, mit der sie gesprochen hatte, vor die Kamera gehalten, ebenso die Zeichnung von der Imbißstube. Und niemand hatte sich gemeldet. Lillian gab in New York eine Erklärung ab: Die während des Prozesses gemachten Aussagen beruhten auf Wahrheit, denn dem hätte sie nichts hinzuzufügen. Ned Creighton, jetzt Inhaber vom *Mooncusser*, einem beliebten Restaurant in Barnstable, widerholte, wie unendlich leid es ihm um Cynthia täte.

Nach der Sendung erschien Jeff weiterhin regelmäßig an den Besuchstagen. Das allein rettete sie davor, in völlige Verzweiflung zu verfallen, als jedes Echo auf die Serie ausblieb. Er kam jedesmal in einem etwas nachlässigen Aufzug daher, die Jacke spannte an den breiten Schultern, die wirre dunkelbraune Mähne mit den Stirnlocken, die freundlichen, ausdrucksvollen braunen Augen, die langen Beine, die in dem überfüllten Besuchsraum keinen Platz fanden. Als er sie bat, nach der Entlassung seine Frau zu werden, antwortete sie, daran sei überhaupt nicht zu denken. Er bekam bereits Angebote von den verschiedenen Sendern. Eine überführte Mörderin konnte er da wirklich nicht gebrauchen. Sie durfte seiner Karriere nicht im Weg stehen, er mußte sie vergessen.

Aber wenn ich nun nicht des Mordes überführt wäre, dachte Cynthia, als sie sich vom Fenster anwandte. Sie ging hinüber zu der Frisierkommode aus Ahornholz, suchte ihre Geldtasche und eilte nach draußen zu ihrem Mietwagen.

Sie kehrte erst am frühen Abend nach Dennis zurück. Die Enttäuschung über die vergeudeten Stunden trieb ihr Tränen in die Augen. Sie trocknete sie nicht, ließ sie ungehindert die Wangen hinunterrollen. Sie war nach Cotuit gefahren, in der Hauptstraße umhergelaufen, hatte den anscheinend alteingesessenen Inhaber des Buchladens nach einem auf Hamburger spezialisierten Lokal gefrgt, das ein Treffpunkt für Teenager war. Wo könnte sie so etwas finden? Achselzucken, dann die Antwort: »Die schießen wie Pilze aus dem Boden und verschwinden ebenso schnell wieder. Ein Bauunternehmer reißt sich ein Grundstück unter den Nagel, stellt ein Einkaufszentrum hin oder sonst was Klotziges, und der Hamburger-Laden fliegt raus.« Danach hatte sie versucht, im Rathaus die Restaurationsbetriebe zu ermitteln, denen 1977 eine Konzession erteilt oder verlängert worden war. Es existierten noch zwei in Frage kommende Lokale, das dritte hatte man entweder umfunktioniert oder abgerissen. Keins davon weckte bei ihr irgendeine Erinnerung. Und natürlich wußte sie nicht einmal genau, ob sie tatsächlich in Cotuit gehalten hatten. Ned könnte auch in diesem Punkt gelogen haben. Und wie erkundigte man sich wohl bei fremden Leuten, ob sie eine Frau in mittleren Jahren mit orangefarbenem Haar und untersetztem Körperbau kennen, die vierzig Jahre am Kap ständig oder den Sommer über gewohnt hatte und Rock-and-Roll-Musik haßte?

In Dennis folgte Cynthia einem Impuls und bog nicht zu ihrem Ferienhaus ab, sondern fuhr wieder an Richards' Villa vorbei. Als sie dort passierte, kam eine schlanke blonde Frau die Treppe hinunter. Selbst auf diese Entfernung erkannte sie Lillian. Cynthia reduzierte auf Schrittempo, beschleunigte jedoch gleich wieder, als Lillian in ihre Richtung blickte, und kehrte um. Beim Aufschließen ihrer Haustür hörte sie das Telefon klingeln. Es läutete zehnmal, ehe es verstummte. Das mußte Jeff gewesen sein, und mit ihm wollte sie nicht sprechen. Nach wenigen Minuten schrillte es erneut. Wenn Jeff tatsächlich die Nummer herausgefunden hätte, würde er garantiert nicht lockerlassen, bis er sie erreichte.

Cynthia nahm den Hörer ab. »Hallo!«

»Mein Zeigefinger ist schon lahm vom dauernden Nummerntippen«, erklärte Jeff. »Da hast du dir ja einen sauberen Trick ausgedacht, einfach so von der Bildfläche zu verschwinden.«

»Wie hast du mich denn gefunden?«

»Kein Kunststück. Ich wußte, daß du wie eine Brieftaube Cape Cod ansteuern würdest, und der für dich zuständige Beamte hat's bestätigt.«

Sie sah ihn vor sich – in den Sessel zurückgelehnt, nervös einen Kugelschreiber herumwirbelnd, ernster Augenausdruck, der den leichten Ton Lügen strafte. »Jeff, vergiß mich, bitte. Tu uns beiden den Gefallen.«

»Abgelehnt. Ich versteh' dich ja, Cindy. Aber wenn du die Frau nicht finden kannst, mit der du gesprochen hast, besteht keinerlei Hoffnung, deine Unschuld zu beweisen. Und glaub mir, Schatz, ich hab' mich wirklich bemüht, sie aufzutreiben. Ich hab' dir nie was von den Rechercheuren erzählt, die ich losgeschickt habe, während die Sendung lief. Wenn die sie nicht finden konnten, schaffst du's erst recht nicht. Ich liebe dich, Cindy. Du weißt, daß du unschuldig bist, und ich weiß es auch. Ned Creighton hat gelogen, aber das werden wir nie beweisen können.«

Cindy schloß die Augen. Jeff hatte völlig recht damit, das war ihr klar.

»Steck's auf, Cindy. Pack deinen Koffer und fahr zurück. Ich hol' dich heute abend Punkt acht zu Hause ab.«

Zu Hause. Das möblierte Zimmer, das sie zusammen mit dem für ihre Überwachung zuständigen Beamten besichtigt und gemietet hatte. *Ich möchte Ihnen meine Freundin vorstellen. Sie ist gerade aus dem Gefängnis entlassen. – Was hat deine Mutter vor der Ehe gemacht? Sie war im Knast?*

»Leb wohl, Jeff.« Cynthia trennte die Verbindung, legte den Hörer nicht auf und drehte dem Telefon den Rücken zu.

Alvirah hatte Cynthias Rückkehr registriert, aber nicht versucht, Kontakt mit ihr aufzunehmen. Willy war nachmittags in einem gemieteten Boot zum Fischen rausgefahren und triumphierend mit zwei Makrelen zurückgekommen. Während seiner Abwesenheit studierte Alvirah Zeitungsausschnitte über den Mordfall Stuart Richards. In Cypress Point Spa hatte sie gelernt, wie nützlich es war, ihre Gedanken und Einfälle auf Band zu sprechen. An diesem Nachmittag blieb ihr Recorder voll ausgelastet.

»Der springende Punkt in dem ganzen Fall ist: Warum hat Ned Creighton gelogen? Er kannte Cynthia doch kaum. Warum hat er alles so eingefädelt, daß sie als Schuldige dastand? Stuart Richards hatte massenhaft Feinde. Neds Vater hatte früher mal geschäftlich mit Stuart zu tun, und da gab's Krach, aber Ned war damals noch ein Kind. Ned war mit Lillian Richards befreundet. Lillian hat unter Eid ausgesagt, sie habe keine Ahnung davon gehabt, daß ihr Vater sein Testament ändern wollte; ihr sei nur bekannt gewesen, daß sie eine Hälfte des Vermögens erben sollte und das

Dartmouth College die andere. Sie habe zwar gewußt, sagte sie, daß er außer sich war, als Dartmouth sich zur Zulassung von Studentinnen entschloß, aber daß er deswegen sein Testament umstoßen und das Dartmouth zugedachte Geld Cynthia vermachen würde, sei ihr neu.«

Alvirah schaltete den Recorder aus. Bestimmt mußte jemand auf den Gedanken gekommen sein, daß Cynthia bei einem Schuldspruch auch ihren Anteil verlieren und Lillian Alleinerbin würde. Lillian hatte kurz nach dem Prozeß einen Mann aus New York geheiratet. Seitdem war sie dreimal geschieden worden. Es sah also nicht danach aus, als hätten Ned und sie je was miteinander gehabt. Blieb nur das Restaurant. Wer waren Neds Hintermänner?

Willy kam herein mit den bratfertigen Makrelenfilets. »Immer noch am Ball?« erkundigte er sich.

»Hm.« Alvirah suchte einen Zeitungsausschnitt heraus. »Orangerotes Haar, untersetzt, Ende Vierzig. Die Beschreibung hätte doch vor zwölf Jahren haargenau auf mich gepaßt, meinst du nicht?«

»Du weißt, daß ich dich nie untersetzt nennen würde«, protestierte Willy.

»Hab' ich auch nicht behauptet. Ich bin gleich wieder da. Ich möchte mit Cynthia reden, hab' sie vor ein paar Minuten zurückkommen sehen.«

Am folgenden Nachmittag verfrachtete sie Willi wiederum in ein Mietboot zum Fischen, steckte die rosettenförmige Brosche an ihrem neuen, purpurrot bedruckten Baumwollkleid fest und fuhr mit Cynthia nach Barnstable ins *Mooncusser*. Unterwegs bleute Alvirah ihr ein: »Denken Sie ja daran: Wenn er da ist, müssen Sie ihn mir sofort zeigen. Ich lasse ihn dann nicht mehr aus den Augen. Garantiert erkennt er Sie. Es bleibt ihm gar nichts anderes übrig, er muß an unserem Tisch kommen. Sie wissen doch, was Sie sagen müssen, oder?«

»Klar.« Bestand da eine Möglichkeit? Würde Ned ihnen das abnehmen?

Zu dem Restaurant, einem eindrucksvollen weißen Gebäude im Kolonialstil, gelangte man über eine lange, kurvenreiche Zufahrt. Alvirah taxierte das Haus, das von einem Landschaftsarchitekten meisterhaft gestaltete Grundstück, das sich bis zum Wasser erstreckte. »Sündhaft teuer«, verkündete sie. »So was hat er nicht mit ein paar lumpigen Kröten aufgezogen.«

Die Innenräume waren in Wedgwoodblau und Weiß gehalten. Die Wandgemälde waren erstklassig. Vor dem Lotteriegewinn hatte Alvirah zwanzig Jahre lang jeden Dienstag bei Mrs. Rawlings geputzt, und das Haus war ein regelrechtes Museum. Mrs. Rawlings gab zu jedem Bild genüßlich ausführliche Kommentare ab, wieviel sie seinerzeit dafür bezahlt hatte und – voller Genugtuung – was es jetzt wert war. Mit etwas Übung könnte ich vermutlich perfekte Museumsvorführungen veranstalten, dachte Alvirah oft. »Beachten Sie die Kompositionen, die raffinierten Valeurs, die gekonnte Technik, mit der die staubbedeckte Tischplatte unter dem einfallenden Sonnenlicht fluoresziert.« Die ganze Platte von Mrs. Rawlings hatte sie bis heute parat.

Sie wußte, wie nervös Cynthia war, und versuchte, sie durch Geschichten über Mrs. Rawlings abzulenken, nachdem der Oberkellner sie zu einem Fenstertisch geführt hatte.

Cynthia konnte nicht umhin, ein wenig zu lächeln, als Alvirah ihr mit dramatischem Unterton verkündete, Mrs. Rawlings habe bei all ihrem Geld in den zwanzig Jahren zu Weihnachten für sie keine einzige Glückwunschkarte übrig gehabt. »Sie war das geizigste, schäbigste Luder der Welt, aber irgendwie hat sie mir leid getan. Nach mir hat sie keine Dumme mehr gefunden. Aber wenn meine letzte Stunde gekommen ist, will ich dem lieben Gott vorrechnen, daß ich auf der Habenseite eine Menge Rawlings-Pluspunkte gesammelt habe.«

»Falls das klappen sollte, können Sie sich auch eine Menge Lathem-Punkte gutschreiben.«

»Darauf geh' ich jede Wette ein. Lächeln Sie bloß weiter so. Sie müssen aussehen wie die Katze, die eben den Kanarienvogel verspeist hat. Ist er da?«

»Ich hab' ihn noch nicht entdeckt.«

»Wenn dieser aufgeblasene Typ mit der Speisekarte anrückt, fragen Sie nach ihm.«

Der Oberkellner näherte sich, höfliche Miene, das obligate Lächeln. »Wünschen Sie etwas zu trinken?«

»Ja. Zwei Gläser Weißwein. Ist Mr. Creighton im Hause?«

»Soviel ich weiß, bespricht er gerade etwas mit dem Küchenchef.«

»Ich bin eine alte Freundin. Bitten Sie ihn vorbeizuschauen, wenn er Zeit hat.«

»Selbstverständlich.«

»Sie sind die geborene Schauspielerin«, flüsterte Alvirah und hielt sich die Speisekarte vors Gesicht. Sie fand diese Vorsichtsmaßnahme angebracht, weil einem ja immer jemand die Worte von den Lippen ablesen könnte. »Ich bin richtig froh, daß ich Sie morgens zu dem Kleiderkauf überredet hab'. Alles, was bei Ihnen im Schrank hing, konnte man vergessen.«

Cynthia trug eine kurze zitronengelbe Leinenjacke zu einem schwarzen Leinenrock; ein gelb-schwarz-weiß gemusterter Seidenschal war schwungvoll an der Schulter verknotet. Außerdem hatte Alvirah sie auch in den Kosmetiksalon begleitet. Cynthias halblanges Haar umrahmte jetzt weich und locker das Gesicht. Ein hellbeige getöntes Make-up überdeckte die unnatürliche Blässe und gab ihren haselnußbraunen Augen wieder Glanz und Farbe.

»Sie sehen einfach umwerfend aus«, bemerkte Alvirah.

Sie selbst hatte sich zu ihrem Kummer einer entgegengesetzten Metamorphose unterzogen, ihr Haar, dieses Meisterwerk von Sassoon, in das alte Orangerot zurückgefärbt und ihm einen ungleichmäßigen, gestuften Schnitt verpaßt. Ihre Nägel waren nicht mehr kunstvoll verlängert und unlackiert. Nachdem sie Cynthia beim Aussuchen geholfen hatte, war sie zu dem Ständer mit den Sonderangeboten marschiert, wo das purpurrot bedruckte Baumwollkleid, das sie jetzt trug, aus gutem Grund für ganze zehn Dollar verramscht werden sollte. Da es ihr eine Nummer zu klein war, zeichneten sich sämtliche Fettwülste ab, von denen Willy immer behauptete, damit wolle uns die Natur nur vorsorglich abpolstern gegen den letzten tiefen Absturz.

Als Cynthia gegen die schändliche Verunstaltung von Alvirahs Frisur und Fingernägeln Einspruch erhob, wurde sie kurz abgefertigt: »Sie haben diese Frau, die unauffindbare Zeugin, doch immer gleich beschrieben – pummelig, gefärbtes Haar und Klamotten vom Wühltisch. Ich muß schließlich glaubhaft wirken.«

»Ich habe gesagt, ihre Kleidung sah nicht teuer aus«, korrigierte Cynthia.

»Wortklauberei.«

Cynthias Lächeln schwand dahin. »Er kommt?« fragte Alvirah, als sie es bemerkte.

Cynthia nickte.

»Lächeln Sie mich an. Los doch. Ganz locker. Zeigen Sie ihm ja nicht, daß Sie nervös sind.«

Cynthia dankte ihr mit einem warmen, herzlichen Lächeln und stützte leger die Ellbogen auf.

Vor ihnen stand ein Mann, Schweißperlen auf der Stirn, trockene Lippen, die er mit der Zunge befeuchtete. »Cynthia, ist das eine Freude, Sie zu sehen.« Er ergriff ihre Hand.

Alvirah musterte ihn eingehend. Kein übler Typ, aber irgendwie quallig. Aufgedunsenes Gesicht, eingesunkene, zusammengekniffene Augen. Er wog gute zwanzig Pfund mehr als auf den Zeitungsfotos. Ausgesprochen attraktiv in jungen Jahren, und danach geht's rapide bergab.

»Freuen Sie sich wirklich, mich zu sehen, Ned?« erkundigte sich Cynthia, immer noch lächelnd.

»Das ist er«, verkündete Alvirah mit Nachdruck. »Da bin ich hundertprozentig sicher. Er stand direkt vor mir in der Schlange im Lokal. Er ist mir aufgefallen, weil er so stocksauer war, daß die Gören so rumnölten und sich partout nicht entschließen konnten, wie sie denn nun ihren Hamburger haben wollten.«

»Wovon reden Sie eigentlich?« erkundigte sich Ned Creighton.

»Warum setzen Sie sich denn nicht, Ned?,« fragte Cynthia. »Ich weiß, das Restaurant gehört Ihnen, aber trotzdem fühle ich mich verpflichtet, Sie einzuladen. Schließlich haben Sie mir vor Jahren ein Abendessen spendiert.«

Gut gemacht, dachte Alvirah. »Ich bin ganz sicher, daß Sie das waren an dem Agend damals, auch wenn Sie inzwischen dicker geworden sind«, fuhr sie Creighton an. »So ein himmelschreiender Skandal. Sie mit Ihren Lügen sind schuld, daß diese Frau zwölf Jahre ihres Lebens im Knast hocken mußte.«

Cynthias Miene verdüsterte sich. »Zwölf Jahre, sechs Monate und zehn Tage«, verbesserte sie. »Ein volles Jahrzehnt, in dem ich normalerweise wie jeder Twen das College absolviert, den ersten Job bekommen und regelmäßig Verabredungen gehabt hätte.«

Ned Creightons Gesicht wurde hart. »Sie bluffen. Das ist doch nur ein billiger Trick.«

Der Kellner brachte zwei Gläser Wein und stellte sie Alvirah und Cynthia hin. »Und Sie, Mr. Creighton?«

»Nichts«, beschied ihm Ned mit finsterem Blick.

»Das ist wirklich ein bezauberndes Restaurant«, bemerkte Cynthia ruhig. »Muß eine schöne Stange Geld gekostet haben. Woher hatten Sie das? Von Lillian? Mein Erbanteil belief sich auf ungefähr zehn Millionen Dollar. Wieviel hat sie Ihnen gegeben?« Sie wartete die Antwort nicht ab. »Ned, diese Frau ist die Zeugin, die ich damals nirgends auftreiben konnte. Sie erinnert sich daran, daß wir in jener Nacht miteinander gesprochen haben. Niemand hat mir geglaubt, als ich von der Frau erzählte, die ihre Wagentür so heftig aufgestoßen hat, daß sie seitwärts gegen Ihr Auto geknallt ist. Aber sie erinnert sich an den Zwischenfall. Und sie erinnert sich auch, daß sie Sie genau gesehen hat. Sie hat ihr Leben lang Tagebuch geführt und noch am gleichen Abend notiert, was auf dem Parkplatz passiert ist.«

Alvirah nickte bestätigend und fixierte dabei Ned. Er kommt ins Schwitzen, dachte sie, aber überzeugt ist er noch nicht. Jetzt war sie wieder an der Reihe. »Tags darauf bin ich abgereist. Ich wohne in Arizona. Mein Mann war krank, schwer krank. Deshalb sind wir nicht mehr ans Kap gefahren. Voriges Jahr hab' ich ihn verloren.« Entschuldige, Willy, dachte sie, aber das mußte sein. »Vergangene Woche hab' ich dann in die Röhre geguckt – na, Sie wissen ja, wie stinklangweilig das Sommerprogramm meistens ist. Ich dachte, mich tritt ein Pferd, wie ich 'ne Wiederholung der Serie über Frauen im Gefängnis sehe und plötzlich ein Bild von mir auf der Mattscheibe erscheint.«

Cynthia griff nach dem Umschlag, den sie neben ihren Stuhl gelegt hatte. »Das ist meine Porträtskizze von der Frau, mit der ich auf dem Parkplatz gesprochen habe.«

Ned Creighton streckte die Hand danach aus.

»Ich halte sie«, sagte Cynthia.

Die Zeichnung zeigte das Gesicht einer Frau, eingerahmt von einem offenen Wagenfenster. Trotz der einigermaßen undeutlichen Züge und des dunklen Hintergrundes war die Ähnlichkeit mit Alvirah frappant.

Cynthia schob ihren Stuhl zurück. Alvirah stand ebenfalls auf. »Die zwölf Jahre können Sie mir nicht zurückgeben. Ich weiß, was Sie jetzt denken. Selbst mit diesem Beweis könnte es passieren, daß eine Jury mir nicht glaubt. Vor zwölf Jahren haben die Geschworenen mir ja auch nicht geglaubt. Aber es wäre immerhin möglich. Und das sollten Sie meiner Meinung nach nicht riskieren, Ned. Ich halte es für besser, wenn Sie das Ganze mit der Person besprechen, die Sie dafür bezahlt hat, mich damals reinzureiten. Und teilen Sie dem oder der Betreffenden mit, daß ich zehn Millionen Dollar verlange. Das ist mein rechtmäßiger Anteil an Stuarts Nachlaß.«

»Sie sind ja verrückt.« In Neds Gesicht war keine Spur von Angst mehr, nur noch blanke Wut.

»Tatsächlich? Da bin ich anderer Meinung.« Cynthia langte in ihre Tasche. »Hier ist meine Adresse und Telefonnummer. Alvirah wohnt bei mir. Rufen Sie mich heute bis 19 Uhr an. Wenn ich nichts von Ihnen höre, nehme ich mir einen Anwalt und lasse ein Wiederaufnahmeverfahren beantragen.« Sie warf einen Zehndollarschein auf den Tisch. »Das dürfte reichen für den Wein. Ich lasse mir nichts schenken, auch nicht das Abendessen, das Sie mir damals spendiert haben.«

Sie eilte hinaus, dicht gefolgt von Alvirah, die das lebhafte Simmengewirr registrierte. Die Leute haben mitgekriegt, daß was im Gange ist, dachte sie. Ausgezeichnet.

Die beiden wechselten kein Wort, bis sie wieder im Wagen saßen. Dann erkundigte sich Cynthia mit schwacher Stimme: »Wie war ich?«

»Phantastisch.«

»Das klappt nicht, Alvirah. Bei einem Vergleich mit der Zeichnung, die Jeff in der Sendung gezeigt hat, entdeckt man doch sofort, was ich alles hinzugefügt habe, damit's Ihnen ähnlich sieht.«

»Für so was bleibt denen gar keine Zeit. Sind Sie sicher, daß Sie gestern Ihre Stiefschwester vor der Villa gesehen haben?«

»Hundertprozentig.«

»Dann dürfte das Gespräch zwischen den beiden in diesem Augenblick stattfinden.«

Cynthia fuhr mechanisch, ohne etwas von diesem stahlenden Nachmittag wahrzunehmen. »Es gab massenhaft Leute, die Stuart verabscheuten. Warum sind Sie so überzeugt davon, daß Lillian in die Geschichte verwickelt ist?«

Alvirah zog den Reißverschluß ihres purpurroten Baumwollkleides auf. »Meine Güte, ist der Fetzen eng. Ich ersticke ja darin.« Kummervoll fuhr sie sich durch das höchst eigenwillig abgesäbelte Haar. »Wenn die mich bei Sassoon wieder hinkriegen wollen, müssen die ihre gesamte Mannschaft dransetzen. Ich gehe wohl am besten wieder nach Cypress Point Spa zur Generalüberholung. Was haben Sie gefragt? Richtig, Lillian. Sie muß mit drinstecken. Sehen Sie's doch mal von der Seite. Es gab massenhaft Leute, die Ihren Stiefvater nicht ausstehen konnten, aber die hätten doch keinen Ned Creighton nötig, um Sie reinzulegen. Lillian hat von jeher gewußt, daß das Dartmouth College laut Testament die Hälfte des Geldes bekommen sollte. Stimmt's?«

»Ja.« Cynthia bog in die Straße ein, die zu den Ferienhäusern führte.

»Mir ist's schnuppe, wie viele Leute Ihren Stiefvater möglicherweise gehaßt haben. Lillian war jedenfalls die einzige, die davon profitierte, wenn Sie zum Sündenbock für diesen Mord gestempelt wurden. Sie kannte Ned. Und der versuchte, Geld aufzutreiben, um ein Restaurant zu eröffnen. Sie muß von ihrem Vater erfahren haben, daß er Ihnen anstelle von Dartmouth die Hälfte seines Vermögens hinterlassen würde. Sie waren ihr von jeher verhaßt. Das haben Sie mir selbst gesagt. Also trifft sie ein Abkommen mit Ned. Er lädt Sie zu einem Ausflug in seinem Motorboot ein und täuscht eine Panne vor. Jemand bringt Stuart Richards um. Lillian hatte ein Alibi. Sie war in New York. Wahrscheinlich hat sie jemand engagiert, der ihren Vater ermorden sollte. Als Sie in der Nacht unbedingt einen Hamburger haben wollten, hätten Sie um ein Haar alles vermasselt. Und Ned wußte nicht, daß Sie mit jemand gesprochen haben. Die beiden müssen ordentlich Schiß gehabt haben, daß diese Zeugin auftauchen könnte.«

»Und wenn ihn nun in der Nacht irgendwer erkannt und ausgesagt hätte, er habe ihn einen Hamburger kaufen sehen?«

»In dem Fall wäre er sofort mit einer plausiblen Erklärung bei der Hand gewesen: Er ist mit seinem Boot rausgefahren, hat sich danach irgendwo einen Hamburger geholt, und Sie haben ihn dann in Ihrer Verzweiflung um ein Alibi angefleht. Aber es ist ja eben niemand aufgekreuzt.«

»Das Ganze hört sich so riskant an«, wandte Cynthia ein.

»Von wegen riskant. Ein Kinderspiel«, korrigierte Alvirah. »Glauben Sie mir, auf dem Gebiet hab' ich jede Menge Erfahrungen gesammelt. Sie würden sich wundern, in wie vielen Fällen der Mörder als Hauptleidtragender hinter dem Sarg hergeht.«

Sie waren angelangt. »Was jetzt?« wollte Cynthia wissen.

»Jetzt gehen wir zu Ihnen und warten auf den Anruf von Ihrer Stiefschwester.« Kopfschüttelnd musterte sie Cynthia. »Sie glauben mir immer noch nicht. Abwarten und Tee trinken. Wie wär's übrigens mit einer schönen Tasse Tee? Ich koche uns welchen. Ein Jammer, daß Creighton aufkreuzte, bevor wir den Lunch bestellen konnten. Die Speisekarte klang vielversprechend.«

Sie aßen Sandwiches mit Thunfischsalat im Vorgarten, als das Telefon klingelte. »Lillian«, erklärte Alvirah lakonisch. Sie folgte Cynthia in die Küche und blieb neben ihr stehen.

»Hallo.« Cynthia meldete sich fast im Flüsterton. Alvirah beobachtete, wie ihr die Farbe aus dem Gesicht wich. »Hallo, Lillian.«

Alvirah preßte Cynthias Arm und nickte heftig.

»Ja, Lillian, ich war gerade bei Ned. Nein, ich mache keine Witze. Ich kann an der Sache nichts Komisches finden. Ja. Ich komme abends vorbei. Bloß keine Umstände mit dem Essen. In deiner Gegenwart schnürt's

mir sowieso die Kehle zu. Noch eins, Lillian – ich hab'
Ned gesagt, was ich verlange. Das ist mein letztes
Wort.«

Cynthia legte auf und ließ sich auf einen Stuhl fallen.
»Alvirah, Lillian sagt, meine Anschuldigung sei gera-
dezu lachhaft, aber sie wisse genau, daß ihr Vater jeden
so weit treiben konnte, bis er die Beherrschung verlor.
Sie ist gerissen.«

»Das hilft uns nicht, Ihren Namen reinzuwaschen. Ich
gebe Ihnen meine Anstecknadel. Sie müssen sie dazu
bringen, klipp und klar zuzugeben, daß Sie mit dem
Mord nicht das geringste zu tun hatten, daß sie Ned
veranlaßt hat, Ihnen eine Falle zu stellen. Um welche
Zeit haben Sie sich angesagt?«

»Acht Uhr. Ned wird auch dort sein.«

»Bestens. Willy begleitet Sie. Er rollt sich im Fond auf
dem Boden zusammen, das kann er prima, trotz seines
Umfangs. Er ist gelenkig wie 'ne Gummipuppe. Er wird
ein Auge auf Sie haben. Dort im Haus versuchen die
beiden garantiert keine krummen Touren. Das wäre zu
riskant.« Alvirah nahm die rosettenförmige Brosche ab.
»Das ist, gleich nach Willy, mein größter Schatz«, erklärte sie. »Ich zeig' Ihnen jetzt, wie das funktioniert.«

Den ganzen Nachmittag über bleute sie Cynthia ein,
was sie ihrer Stiefschwester sagen sollte. »Sie muß das
Geld für das Restaurant gegeben haben. Wahrscheinlich hat sie irgendwelche Investmentgesellschaften vorgeschoben. Hämmern Sie ihr ein, wenn sie nicht be-
rappt, setzen Sie sich mit einem namhaften Wirtschafts-
prüfer in Verbindung, der oft im Auftrag der Regierung
arbeitet.«

»Sie weiß doch, daß ich kein Geld habe.«

»Sie hat aber keine Ahnung, wer sich sonst noch für
Ihren Fall interessieren könnte. Zum Beispiel der Kna-

be, der die Sendung über weibliche Sträflinge gemacht hat, stimmt's?«

»Ja. Jeff hat sich dafür interessiert.«

Alvirah kniff die Augen zusammen, riß sie dann weit auf. »Ist da was zwischen Ihnen und Jeff?«

»Sollte ich freigesprochen werden – ja. Andernfalls wird es nie eine Beziehung für mich geben, weder zu Jeff noch zu sonst jemand.«

Um 18 Uhr läutete das Telefon abermals. »Ich geh' ran«, sagte Alvirah. »Die sollen ruhig wissen, daß ich hier bei Ihnen bin.« Auf ihr brummiges Hallo folgte ein herzlicher Wortschwall. »Jeff, gerade haben wir von Ihnen gesprochen. Cynthia sitzt neben mir. Meine Güte, ist das eine bildhübsche Person! Sie sollten sie mal sehen in ihrer neuen Aufmachung. Sie hat mir alles über Sie erzählt. Moment, ich geb' sie Ihnen.«

Alvirah hörte ungeniert zu, als Cynthia erklärte: »Alvirah hat das Haus nebenan gemietet. Sie hilft mir. Nein, ich komme nicht zurück. Ja, es gibt einen Grund hierzubleiben. Vielleicht kriege ich heute abend den Beweis dafür, daß ich unschuldig bin an Stuart Richards Tod. Nein, komm nicht her. Ich möchte dich nicht sehen, Jeff, nicht jetzt... Jeff, ja, ja, ich liebe dich. Ja, wenn ich voll und ganz rehabilitiert bin, werde ich deine Frau.«

Als Cynthia auflegte, war sie den Tränen nahe. »Alvirah, ich wünsche mir nichts so sehr wie ein Leben mit ihm. Wissen Sie, was er eben gesagt hat? Er hat die Bibel zitiert: ›Tod, wo ist dein Stachel! Hölle, wo ist dein Sieg!‹ Ich eile zu dir, und wenn die Welt voll Teufel wär – das kam am Schluß.«

»Ich mag ihn«, stellte Alvirah fest. »Ich kann aus einer Stimme am Telefon genau heraushören, mit was für einem Menschen ich es zu tun habe. Kommt er heute noch? Ich möchte nicht, daß Sie sich aufregen oder sich das Ganze ausreden lassen.«

»Nein. Er muß die Zehn-Uhr-Nachrichten moderieren. Aber ich gehe jede Wette ein, daß er gleich morgen losfährt.«

»Da müssen wir uns was überlegen. Je mehr Leute da mitmischen, desto eher könnten Ned und Lillian den Braten riechen.« Sie schaute aus dem Fenster. »Sehen Sie mal, da kommt Willy. Heiliger Strohsack, er hat schon wieder ein paar von den verdammten Makrelen geangelt. Ich kriege davon Sodbrennen, aber das verrate ich ihm nicht. Deshalb hab' ich immer ein Magnesiumpräparat in der Tasche.«

Sie öffnete ihm die Tür, und Willy stapfte freudestrahlend herein. Voller Stolz zeigte er auf die Angelrute, an der zwei einsame Makrelen baumelten. Sein Lächeln erstarb beim Anblick von Alvirahs grellroten Zotteln und dem purpurfarbenen Baumwollkleid, in dem überall die quellenden Fettwülste sichtbar wurden. »Da haut's einen glatt um«, kommentierte er. »Wieso haben die jetzt auf einmal das Geld von der Lotterie zurückverlangt?«

Um 19.30 Uhr, nach dem Abendessen, zu dem Alvirah wohl oder übel Willys heutige magere Ausbeute aufgetischt hatte, stellte sie Cynthia eine Tasse Tee hin. »Sie haben keinen Bissen gegessen«, sagte sie streng. »Sie müssen aber was im Magen haben, sonst können Sie nicht mehr klar denken. Na, haben Sie alles kapiert?«

Cynthia fingerte an der Anstecknadel. »Ich glaube schon. Mir scheint alles klar zu sein.«

»Vergessen Sie nicht, zwischen den beiden ist unter der Hand Geld verschoben worden. Mit welchem Dreh, ist mir piepe, das kann man verfolgen. Wenn sie einwilligen, Sie auszuzahlen, bieten Sie ihnen einen Tauschhandel an: Sie gehen mit Ihrer Forderung runter und verlangen als Gegenleistung, daß die beiden mit der vollen Wahrheit rausrücken, also ein hieb- und stichfestes Geständnis. Kapiert?«

»Kapiert.«

Um 19.50 Uhr fuhr Cynthia den kurvenreichen Weg hinunter, mit Willy im Fond, der sich auf dem Boden zusammengerollt hatte.

Nach dem strahlend sonnigen Tag hatte es sich abends bewölkt. Alvirah durchquerte das Haus und trat vor die Hintertür. Wind fegte über die Bucht hinweg, peitschte die aufschäumenden Wellen ans Ufer. In der Ferne hörte man Donnergrollen. Die Temperatur war gesunken, plötzlich herrschte im August herbstliche Kühle. Fröstelnd überlegte sie, ob sie sich nebenan einen Pullover holen sollte, ließ es dann aber doch. Falls jemand anrief, wollte sie lieber an Ort und Stelle sein.

Sie goß sich eine zweite Tasse Tee auf und setzte sich, mit dem Rücken zur Haustür, an den Ecktisch, wo sie mit dem ersten Entwurf für den Artikel begann, den sie sicher bald an den *New York Globe* abschicken konnte. *Cynthia Lathem, die mit neunzehn Jahren zu zwölf Jahren Gefängnis verurteilt wurde für einen Mord, den sie nicht begangen hatte, kann jetzt ihre Unschuld beweisen.*

Hinter ihr sagte eine Stimme: »Nun, ich denke nicht, daß es dazu kommen wird.«

Alvirah wirbelte herum und starrte fassungslos in das finstere, wütende Gesicht von Ned Creighton.

Cynthia wartete auf den Verandastufen vor Richards' Villa. Durch die hübsche Mahagonitür hörte sie leisen Glockenschlag. Ihr kam der absurde Gedanke, daß sie ja immer noch einen eigenen Hausschlüssel besaß, und sie fragte sich, ob Lillian wohl das Schloß ausgewechselt hatte.

Die Tür öffnete sich. Lillian stand in der weiträumigen Eingangshalle, die Tiffany-Deckenlampe hob ihre hohen Backenknochen hervor, die großen blauen Augen, das silberblonde Haar. Ein eisiger Schauer durchrann Cynthia vom Scheitel bis zur Sohle. Lillian war in diesen zwölf Jahren zum Ebenbild von Stuart Richards geworden. Kleiner natürlich. Jünger, aber trotzdem äußerlich genauso attraktiv wie er, nur in weiblicher Ausgabe. Und um die Augen der gleiche Zug, der einen Hang zur Grausamkeit andeutete.

»Tritt ein, Cynthia.« Lillians Stimme hatte sich nicht verändert. Klar, wohlerzogen, aber mit diesem vertrauten scharfen, aufgebrachten Unterton, der typisch für Stuart Richards gewesen war.

Stumm folgte sie Lillian durch die Halle. Im Wohnzimmer herrschte gedämpfte Beleuchtung. Hier sah es fast genauso aus, wie sie es in Erinnerung hatte. Die Anordnung der Möbel, die Orientteppiche, das Gemälde über dem Kamin – alles unverändert. Das prunkvolle Speisezimmer links wirkte so unbenutzt wie eh und je. Sie hatten die Mahlzeiten gewöhnlich in dem kleinen Eßzimmer neben der Bibliothek eingenommen.

Sie hatte erwartet, daß Lillian sie in die Bibliothek führen würde. Statt dessen ging sie geradewegs in das Arbeitszimmer, in dem Stuart gestorben war. Cynthia verzog den Mund, tastete nach der rosettenförmigen Brosche. Sollte sie auf diese Weise eingeschüchtert werden?

Lillian setzte sich hinter den wuchtigen Schreibtisch.

Cynthia dachte abermals an die Nacht, in der sie hier hereingestürzt war und Stuart auf den Teppich hingestreckt gefunden hatte. Sie spürte, wie ihre Hände feucht wurden, wie ihr der Schweiß auf der Stirn stand. Draußen hörte sie den Wind mit ständig steigender Geschwindigkeit heulen.

Lillian faltete die Hände und blickte zu Cynthia hoch. »Du kannst dich ebensogut hinsetzen.«

Cynthia biß sich auf die Lippen. Was sie in den nächsten Minuten sagte, würde über ihr weiteres Leben entscheiden. »Meiner Meinung nach bin ich es, die hier die Sitzordnung bestimmen sollte«, erklärte sie. »Dein Vater hat mir dieses Haus hinterlassen. Bei deinem Anruf hast du von einer Regelung gesprochen. Keine faulen Tricks jetzt! Und versuch ja nicht, mich einzuschüchtern. Der Knast hat mir jede Scheu gründlich abgewöhnt, das garantiere ich dir. Wo ist Ned?«

»Der muß jeden Augenblick hier sein. Deine Anschuldigungen ihm gegenüber sind doch einfach verrückt. Und das weißt du auch.«

»Ich dachte, ich bin hergekommen, um über die Regelung meiner Erbansprüche zu reden.«

»Du bist hergekommen, weil du mir leid tust und weil ich dir eine Chance geben möchte, irgendwo ein neues Leben anzufangen. Ich bin bereit, einen Treuhandfonds einzurichten, aus dem du ein monatliches Einkommen beziehst. Eine andere wäre nicht so großzügig gegenüber der Mörderin ihres Vaters.«

Cynthia fixierte Lillian, registrierte den verächtlichen Augenausdruck, die eisige Ruhe, mit der sie auftrat. Sie mußte diese Ruhe erschüttern. Sie ging hinüber zum Fenster und schaute hinaus. Regen trommelte an die Hausmauern. Donnerschläge durchbrachen die Stille im Raum. »Ich frage mich, was Ned wohl getan hätte, um mich vom Haus fernzuhalten, wenn es damals so geschüttet hätte wie heute«, sagte sie. »das Wetter hat ihm geholfen, stimmt's? Warm und bewölkt. Kein Boot in der Nähe. Nur diese eine Zeugin, und die habe ich jetzt gefunden. Hat Ned dir erzählt, daß sie ihn einwandfrei identifiziert hat?«

»Wie viele Leute würden das wohl glauben, daß jemand einen Fremden nach fast dreizehn Jahren wiedererkennen könnte? Ich habe keine Ahnung, wen du für diese Maskerade angeheuert hast, aber ich warne dich: Laß den Blödsinn. Entweder du akzeptierst mein Angebot oder ich hole die Polizei und lasse dich wegen Hausfriedensbruch verhaften. Vergiß nicht, die bedingte Haftentlassung von Kriminellen kann man mühelos rückgängig machen.«

»Auf Kriminelle trifft das allerdings zu. Aber ich bin keine Kriminelle, und das weißt du.« Cynthia ging zu dem antiken Schrank, zog die oberste Schublade auf. »Mir war bekannt, daß Stuart hier eine Waffe aufbewahrte. Aber dir mit Sicherheit auch. Du hast behauptet, er habe dir gegenüber kein Wort davon verlauten lassen, daß er sein Testament geändert und die Dartmouth zugedachte Hälfte seines Vermögens mir hinterlassen hatte. Doch du hast gelogen. Wenn Stuart mich herzitierte, um mich darüber zu informieren, dann hat er dich garantiert nicht über seine Absichten im unklaren gelassen.«

»Er hat mir kein Wort gesagt. Ich hatte ihn seit drei Monaten nicht gesehen.«

»Du hast ihn vielleicht nicht gesehen, aber mit ihm gesprochen, oder etwa nicht? Mit der Hälfte für Dartmouth hättest du dich abfinden können, doch der Gedanke, sein Geld mit mir zu teilen, war dir unerträglich. Du hast mich gehaßt, weil ich Jahre in diesem Haus gewohnt habe, weil er mich gern hatte. Ihr beide seid deswegen dauernd aneinandergeraten. Deinen niederträchtigen Charakter, den hast du von ihm geerbt.«

Lillian stand auf. »Du weißt ja nicht, wovon du sprichst.«

Cynthia knallte die Schublade zu. »O doch, ganz genau. Und jede Tatsache, die mich überführt hat, wird dich überführen. Ich besaß einen Hausschlüssel. Du auch. Es gab keinerlei Kampfspuren. Ich meine nicht, daß du jemand hergeschickt hast, um ihn umzubringen. Ich meine, du hast es selber getan. Stuart hatte einen Alarmknopf an seinem Schreibtisch. Er hat ihn nicht gedrückt. Er wäre nie auf die Idee verfallen, daß seine eigene Tochter ihm etwas antun würde. Warum kam Ned ausgerechnet an jenem Nachmittag hereingeschneit? Du wußtest, daß Stuart mich über das Wochenende eingeladen hatte. Du wußtest, daß er mir zureden würde, mit Ned auszugehen. Stuart hatte gern Gesellschaft, und dann war er auch wieder gern allein. Vielleicht hat Ned dir eins nicht deutlich übermittelt. Die Zeugin, die ich ausfindig gemacht habe, führt Tagebuch. Sie hat es mir gezeigt. Seit ihrem zwanzigsten Lebensjahr trägt sie Abend für Abend alles ein, was tagsüber passiert ist. Irgendeine Manipulation ist demnach mit Sicherheit auszuschließen. Sie hat mich genau beschrieben und Neds Wagen ebenso. Sogar die lärmenden Halbwüchsigen in der Schlange hat sie erwähnt und auch, wie sich alle über sie aufregten.«

Ich dringe zu ihr durch, dachte Cynthia. Lillians Gesicht war bleich, ihre Haltung verkrampft. Cynthia ging ruhig zum Schreibtisch zurück, so daß die rosettenförmige Brosche direkt auf Lillian gerichtet war. »Du hast es schlau eingefädelt, oder?« fragte sie. »Ned hat erst angefangen, Geld in das Restaurant zu stecken, als ich hinter Gittern saß. Und ich bin sicher, er hatte ein paar angesehene Investoren als Strohmänner vorgeschoben. Aber die Regierung hat heutzutage hervorragende Methoden, um Fällen von Geldwäsche auf die Spur zu kommen. *Dein* Geld, Lillian.«

»Das kannst du nie beweisen.« Doch Lillians Stimme klang schrill.

Mein Gott, wenn ich sie doch bloß dazu bringen kann, es zuzugeben, dachte Cynthia. Sie umklammerte die Schreibtischkante und beugte sich vor. »Möglicherweise nicht. Aber laß es nicht darauf ankommen. Ich werde dir sagen, wie man sich bei Fingerabdrücken und in Handschellen fühlt. Wie einem zumute ist, wenn man neben einem Rechtsanwalt sitzt und hört, wie einen der Staatsanwalt des Mordes anklagt. Was das für ein Gefühl ist, die Gesichter der Geschworenen zu studieren. Lauter normale Durchschnittsbürger. Alt. Jung. Schwarze. Weiße. Gut angezogen. Schäbig. Aber in ihren Händen liegt dein weiteres Leben. Und das wird dir kein bißchen behagen, Lillian. Das Warten. Das vernichtende Beweismaterial, das auf dich weitaus mehr zutrifft als jemals auf mich. Du hast weder das Naturell noch den Schneid, das durchzustehen.«

Lillian erhob sich. »Denk daran, daß hohe Steuern zu zahlen waren, nachdem die Aufstellung sämtlicher Vermögenswerte vorlag. Wieviel verlangst du?«

»Sie hätten in Arizona bleiben sollen«, sagte Ned Creighton, die Waffe auf Alvirahs Brust gerichtet. Sie saß am Ecktisch und erwog ihre Fluchtchancen. Es gab keine. Er hatte ihre Geschichte geschluckt, und jetzt mußte er sie umbringen. Alvirah schoß es durch den Kopf, daß sie es ja schon immer gewußt habe, was für eine fabelhafte Schauspielerin in ihr steckte. Sollte sie ihm mitteilen, daß ihr Mann jeden Moment zurückkommen würde? Nein. Im Restaurant hatte sie ihm erzählt, sie sei verwitwet. Wie lange würden Willy und Cynthia ausbleiben? Zu lange. Lillian würde Cynthia nicht weglassen, ehe sie sicher war, daß es keine lebenden Zeugen gab, aber vielleicht fiel ihr irgendwas ein, wenn sie ihn zum Reden brachte. »Wieviel haben Sie für Ihre Rolle bei dem Mord kassiert?« erkundigte sie sich.

Ned Creighton verzog die schmalen Lippen zu einem spöttischen Lächeln. »Drei Millionen. Reichte gerade, ein erstklassiges Restaurant zu eröffnen.«

Alvirah bedauerte, daß sie ihre rosettenförmige Anstecknadel Cynthia geliehen hatte. Der Beweis. Der eindeutige, klare Beweis, und sie war außerstande, das aufzuzeichnen. Und sollte ihr etwas zustoßen, würde niemand davon erfahren. Falls ich da heil rauskomme, dachte sie, muß ich Charley Evans bitten, mir einen Ersatz zu beschaffen. Diesmal vielleicht eine Zweitbrosche in Silber.

»Stehen Sie auf«, befahl Creighton und schwenkte dabei die Pistole.

Alvirah stieß den Stuhl zurück, stützte die Hände auf den Tisch. Die Zuckerdose stand direkt vor ihr. Sollte sie den Versuch riskieren? Sie konnte zwar gut zielen, aber eine Schußwaffe war in jedem Fall schneller als eine Zuckerdose.

»Gehen Sie ins Wohnzimmer.« Als sie um den Tisch herumkam, schnappte sich Creighton ihre Notizen samt dem angefangenen Artikel und stopfte alles in die Tasche.

Creighton deutete auf den hölzernen Schaukelstuhl neben dem Kamin. »Setzen Sie sich da hin.«

Alvirah ließ sich schwerfällig nieder. Neds Waffe war immer noch auf sie gerichtet. Wenn sie nun den Schaukelstuhl so weit vornüberkippte, daß sie auf ihn kata-

pultiert wurde? Ob sie sich dann auch rechtzeitig absetzen könnte? Creighton langte nach einem schmalen
Schlüssel, der am Kaminsims baumelte. Er beugte sich
vor, steckte ihn in einen Zylinder, der in einen Ziegel
eingelassen war, und drehte ihn um. Aus dem Kamin
drang das zischende Geräusch von ausströmenden Gas.
Er richtete sich auf, zog aus einer Streichholzschachtel
auf dem Kaminsims ein langes Sicherheitszündholz,
benutzte des Ziegel als Reibfläche, blies die Flamme
aus, warf es dann auf den Rost. »Es wird kalt«, sagte
er. »Sie beschlossen, Feuer zu machen, drehten den
Gashahn auf, warfen ein Streichholz hinein, aber es
klappte nicht. Als Sie sich hinunterbeugten, um das Gas
abzudrehen und das Ganze noch mal zu versuchen,
verloren Sie das Gleichgewicht und stürzten. Sie schlu-
gen mit dem Kopf auf die steinerne Einfassung und
wurden ohnmächtig. So eine nette Frau und so ein
schrecklicher Unfall! Cynthia wird außer sich sein.«

Gasgeruch erfüllte den Raum. Alvirah versuchte, den
Schaukelstuhl vorzukippen. Sie mußte es riskieren,
Creighton einen Kopfstoß zu versetzen, damit er die
Pistole fallen ließ. Zu spät. Ein Schraubstock schien ihre
Schultern zu umklammern. Das Gefühl, vorwärtsgezo-
gen zu werden. Ihr Kopf, der seitlich gegen Stein prallte.
Als sie das Bewußtsein verlor, nahm Alvirah den wi-
derwärtigen Gasgeruch wahr, der sich in ihren Atem-
wegen ausbreitete.

»Da kommt Ned«, erklärte Lillian gelassen, als die
Türglocke läutete. »Ich mache ihm auf.«

Cynthia wartete. Lillian hatte immer noch nicht das
mindeste zugegeben. Ob sie Ned Creighton dazu bringen konnte, sich selbst zu beschuldigen? Sie fühlte sich
wie eine Seiltänzerin, die auf einem schlüpfrigen Seil

zentimeterweise einen Abgrund zu überqueren suchte. Wenn es ihr mißlang, wäre ihr Leben nicht mehr lebenswert.

Creighton betrat hinter Lillian das Zimmer. »Cynthia.« Ein unpersönliches, aber nicht unfreundliches Nicken. Er zog sich einen Stuhl an den Schreibtisch, auf dem Lillian einen aufgeschlagenen Ordner mit Computerausdrucken deponiert hatte.

»Ich vermittle Cynthia gerade eine Vorstellung davon, wie stark das Vermögen nach Entrichtung der Steuern zusammengeschmolzen ist«, teilte sie Creighton mit. »Danach taxieren wir ihren Anteil.«

»Was immer du Ned bezahlt hast, wird nicht in Abzug gebracht, das stammte ja aus dem mir rechtmäßig zustehenden Geld.« Cynthia bemerkte den wütenden Blick, den er Lillian zuwarf. »Also bitte, unter uns müssen wir drei doch kein Blatt vor den Mund nehmen«, sagte sie barsch.

Lillian konterte kalt: »Ich hab' dir doch erklärt, daß ich dich am Nachlaß beteiligen wollte. Ich weiß, daß mein Vater die Menschen bis zur Weißglut reizen konnte, so daß sie nicht mehr wußten, was sie taten. Ich tue das, weil ich Mitleid mit dir habe. Hier sind also die Zahlen.«

In den folgenden fünfzehn Minuten zog Lillian eine Aufstellung nach der anderen heraus. »Abzüglich der Steuern und unter Hinzurechnung der Zinserträge würde sich dein Anteil jetzt auf fünf Millionen Dollar belaufen.«

»Und dieses Haus«, warf Cynthia ein. Bestürzt realisierte sie, daß Lillian und Ned von Minute zu Minute sichtlich entspannter wurden. Beide lächelten.

»Oh nein, das Haus nicht«, protestierte Lillian. »Das würde zuviel Klatsch verursachen. Wir lassen das Haus schätzen, und ich zahle dir dann den Schätzpreis. Vergiß nicht, Cynthia, ich bin überaus großzügig. Mein Vater spielte mit Menschenleben. Er war grausam. Hättest nicht du ihn umgebracht, wäre es jemand anders gewesen. Deshalb tue ich das.«

»Du tust es, weil du nicht in einem Gerichtssaal sitzen und Gefahr laufen willst, wegen Mordes verurteilt zu werden, das ist der wahre Grund.« Mein Gott, es ist sinnlos, dachte Cynthia. Wenn ich sie nicht dazu bringen kann, alles zuzugeben, ist es aus und vorbei. Dann hätten Lillian und Ned morgen Gelegenheit, Alvirah zu überprüfen. »Du kannst das Haus haben«, sagte sie. »Ohne mir etwas dafür zu bezahlen. Gib mir nur die Genugtuung, die Wahrheit zu hören, das Eingeständnis, daß ich mit dem Mord an deinem Vater nichts zu tun hatte.«

Lillian blickte rasch zu Ned, dann auf die Uhr. »Ich meine, um diese Zeit sollten wir dem auch Folge leisten.« Sie fing an zu lachen. »Cynthia, ich bin tatsächlich so wie mein Vater. Ich genieße es, mit Menschen Katz und Maus zu spielen. Mein Vater *hat* mich angerufen und über die Testamentsänderung informiert. Ich konnte mich damit abfinden, daß Dartmouth die Hälfte seines Vermögens bekommt, aber nicht du. Er erzählte mir, daß er dich erwartet – und der Rest war ein Kinderspiel. Meine Mutter war eine wunderbare Frau. Sie hat liebend gern bestätigt, daß ich an dem bewußten Abend bei ihr in New York war. Ned war entzückt, eine stattliche Summe dafür zu erhalten, daß er mit dir einen Bootsausflug unternahm. Du bist klug, Cynthia. Klüger als der Staatsanwalt und seine Leute. Klüger als dieser Trottel von einem Anwalt, der dich verteidigt hat.«

Gott gebe, daß der Recorder funktioniert, betete Cynthia. »Und klug genug, die Zeugin ausfindig zu machen, die meine Aussage bestätigen konnte«, ergänzte sie.

Lillian und Ned brachen in schallendes Gelächter aus. »Was denn für eine Zeugin?« fragte Ned.

»Raus hier«, fauchte Lillian. »Verschwinde auf der Stelle. Und laß dich nie wieder blicken.«

Jeff Knight brauste über die Route 6, bemühte sich angestrengt, durch die von einem wahren Wolkenbruch überschwmmte Windschutzscheibe die Schilder zu entziffern. Ausfahrt 8. Er näherte sich seinem Ziel. Der für die Zehn-Uhr-Nachrichten verantwortliche Redakteur hatte sich überraschend verständnisvoll gezeigt. Natürlich nicht ohne Grund. »Fahren Sie los. Wenn Cynthia Lathem sich am Kap aufhält und meint, einen brauchbaren Hinweis für den Tod ihres Stiefvaters zu haben, dann fällt Ihnen ein echter Knüller in den Schoß.«

Jeff war nicht an einem Knüller interessiert. Seine ganze Sorge galt Cynthia. Seine langen, kräftigen Finder umklammerten das Lenkrad. Ihre Adresse nebst Telefonnummer hatte er dem mit der Schutzaufsicht betrauten Beamten entlockt. Cape Cod war ihm durch viele Sommeraufenthalte vertraut, deshalb hatte ihm die Enttäuschung auch so zugesetzt, als er sich vergebens bemühte, Beweise für Cynthias Aussage zu finden. Sein ständiges Feriendomizil war allerdings auch in Eastham, gute 80 km von Cotuit entfernt.

Ausfahrt 8. Er bog in die Union Street, fuhr weiter in Richtung Route 6A. Noch ein paar Kilometer. Wieso hatte er dieses Gefühl einer drohenden Katastrophe? Sollte Cynthia tatsächlich einen hilfreichen Hinweis haben, könnte sie in Gefahr schweben.

An der Nobscusset Road mußte er scharf bremsen. Ein Wagen übersah das Stoppschild und überquerte die

Route 6A in mörderischem Tempo.Verdammter Idiot, dachte Jeff, als er nach links in Richtung Bucht abbog. Er registrierte, daß die ganze Gegend im Dunkeln lag. Stromausfall. Am Ende der Sackgasse bog er links ein. Das Haus mußte an diesem Pfad liegen. Nummer sechs. Er fuhr langsam, versuchte, mit Hilfe der Scheinwerfer die Hausnummern an den Briefkästen auszumachen. Zwölf. Acht. Sechs.

Jeff stellte den Wagen in der Auffahrt ab, riß die Tür auf und rannte durch den prasselnden Regen auf das Haus zu. Er drückte auf die Klingel, bis ihm klar wurde, daß sie ja wegen des Stromausfalls nicht funktionieren konnte. Er hämmerte mehrmals an die Tür. Keine Antwort. Cynthia war nicht zu Hause.

Er machte bereits kehrt, als ihn plötzlich eine begründete Furcht überfiel und er abermals an die Haustür hämmerte, dann am Knauf drehte. Der bewegte sich, er stürmte hinein, begann zu rufen: »Cynthia!« Da spürte er den Gasgeruch, hörte das Zischen, mit dem es aus dem Kamin strömte. Als er hinraste, um es abzudrehen, stolperte er über eine reglos auf dem Bauch liegende Gestalt.

Willy rutschte unruhig auf dem Rücksitz von Cynthias Wagen hin und her. Sie war jetzt seit über einer Stunde in der Villa. Der Kerl, der nach ihr gekommen war, verweilte auch schon eine Viertelstunde dort drin. Willy wußte nicht recht, was er tun sollte. Alvirah hatte keinen präzisen Instruktionen erteilt. Sie wollte ihn lediglich in greifbarer Nähe haben, um sicherzustellen, daß Cynthia das Haus nicht in irgendeiner Begleitung verließ.

Während er noch mit sich zu Rate ging, hörte er Sirenengeheul. Steifenwagen. Sie kamen näher. Erstaunt beobachtete Willy, wie sie in die lange Zufahrt stürmten und mit ohrenbetäubendem Lärm auf ihn zurasten. Polizisten stürmten aus dem Streifenwagen, sausten die Stufen hinauf und hämmerten an die Tür.

Kurz darauf bog eine Limousine in die Zufahrt ein und hielt hinter den Streifenwagen. Willy sah den Hünen im Trenchcoat mit einem Satz herausspringen und zur Veranda hinaufeilen, immer zwei Stufen auf einmal. Willy erhob sich schwerfällig und wuchtete sich aus dem Wagen.

Er kam gerade zurecht, um Alvirah zu packen, als sie hinten aus der Limousine wankte. Sogar im Dunkeln konnte er die Schramme auf ihrer Stirn sehen. »Schätzchen, was ist denn passiert?«

»Ich erzähl's dir später. Bring mich rein. Ich möchte das keinesfalls verpassen.«

Im Arbeitszimmer des verstorbenen Stuart Richards erlebte Alvirah ihre Sternstunde. Sie deutete mit dem Finger auf Ned und verkündigte mit aller ihr zu Gebote stehenden Lautstärke: »Er hat eine Pistole auf mich gerichtet. Er hat den Gashahn aufgedreht. Er hat mich mit dem Schädel gegen den Kamin geschmettert. Und mir gesagt, daß Lillian Richards ihm drei Millionen Dollar dafür bezahlt hat, daß er Cynthia mit fingierten Beweisen als Mörderin hinstellte.«

Cynthia starrte ihre Stiefschwester unverwandt an. »Und wenn die Batterien in Alvirahs Recorder nicht leer sind, habe ich das Schuldgeständnis von beiden auf Band.«

Am nächsten Morgen sorgte Willy für ein spätes Frühstück, das er auf der Terrasse servierte. Der Sturm hatte sich gelegt, und der Himmel war wieder strahlend blau. Möwen stießen herunter und schnappten die an der

Oberfläche schwimmenden Fische. Die Bucht war ruhig, und im feuchten Sand bauten Kinder friedlich ihre Strandburgen.

Alvirah, nicht allzu sehr mitgenommen, hatte ihren Artikel beendet und ihn Charley Evans durchtelefoniert. Charley hatte ihr die prachtvollste Brosche mit allen nur denkbaren Verzierungen versprochen, die Juweliere zu bieten hatten, und das eingebaute Mikrofon sollte so empfindlich sein, daß es sogar das Niesen einer Maus im Raum nebenan auffing.

Jetzt kaute sie schmatzend an einem Krapfen mit Schokoladenguß und schlürfte dazu Kaffee. »Da kommt ja Jeff! Ein Jammer, daß er gestern nacht noch nach Boston zurückfahren mußte. Aber war sein Bericht über die Sache heute früh in den Nachrichten nicht einfach fabelhaft? Der bringt's noch mal weit beim Fernsehen, das kannst du mir glauben.«

»Der Junge hat dir das Leben gerettet, Schätzchen«, kommentierte Willy. »Bei mir ist er gut angeschrieben. Ich kann's einfach nicht fassen, daß ich da hinten im Wagen wie ein Schachtelmännchen zusammengerollt war, während du mit dem Kopf neben dem Gasbrenner lagst.«

Sie beobachteten, wie Jeff ausstieg und Cynthia in seine Arme flog.

Alvirah schob ihren Stuhl zurück. »Ich geh' mal auf einen Sprung rüber. Eine reine Freude, wie die beiden sich anschauen. So was von verliebt!«

Willy legte ihr sanft, aber energisch die Hand auf die Schulter.

»Alvirah, mein Schatz, sei so lieb und kümmere ich ausnahmsweise wenigstens fünf Minuten mal nur um deine eigenen Angelegenheiten.«

Klempner Willys
Meisterstück

Hätte sich Alvirah Meehan in einer Kristallkugel Einblick verschaffen können über den Verlauf der nächsten zehn Tage, dann hätte sie Willy bei der Hand genommen und fluchtartig den grünen Raum verlassen. So aber saß sie seelenruhig da und plauderte mit den übrigen Gästen der Sendung von Phil Donahue. Diesmal standen weder Sexorgien noch ramponierte Ehemänner auf dem Programm, sondern Menschen, die sich ihr Leben durch einen stattlichen Lotteriegewinn verpfuscht hatten. Die Donahue-Show hatte sich mit dem Hilfskomitee für Lotteriegewinner in Verbindung gesetzt und einige der schlimmsten Fälle ausgesucht. Alvirah und Willy sollten dazu das Gegenbeispiel abgeben, hatte ihnen die Reporterin erklärt. »Weiß der Himmel, was sie damit gemeint hat«, lautete Alvirahs Kommentar nach dem ersten Interview.

Für ihren Auftritt hatte sie sich das Haar frisch färben lassen in dem gedämpften Erdbeerrot, das ihr scharfgeschnittenes Gesicht weicher erscheinen ließ. Morgens hatte Willy ihr versichert, sie sähe noch haargenau so aus wie damals vor vierzig Jahren, als sie sich beim Tanz am Kolumbustag zum erstenmal begegnet waren. Baronin Min von Schreiber war von Cypress Point Spa in Pebble Beach nach New York geflogen, um Alvirahs Garderobe für die Sendung auszusuchen. »Vergiß ja nicht zu erwähnen, daß du sofort nach dem Lotteriegewinn als erstes nach Cypress Point Spa gekommen bist«, schärfte sie Alvirah ein. »Bei dieser verdammten Rezession blüht das Geschäft nicht gerade.«

Alvirah trug ein hellblaues Seidenkostüm mit weißer Bluse und als Markenzeichen ihre rosettenförmige Anstecknadel.

Wenn sie es doch nur geschafft hätte, die zwanzig Pfund wieder loszuwerden, die sie bei der gemeinsamen Spanienreise im August zugelegt hatte! Und doch wußte Alvirah, daß sie sehr hübsch aussah. Das heißt – für ihre Verhältnisse. Sie machte sich keine Illusionen, daß sie mit ihrem etwas vorspringenden Unterkiefer und dem kompakten Körperbau jemals ausersehen würde, an einer Schönheitskonkurrenz teilzunehmen.

Außer ihnen waren zwei weitere Gruppen geladen: drei Mitarbeiter einer Damenwäschefabrik, die vor sechs Jahren zusammen zehn Millionen Dollar gewonnen hatten. Im festen Glauben an ihre Glückssträhne beschlossen sie, das Geld in Rennpferde zu investieren, und nun waren sie pleite. Mit den noch zu erwartenden Schecks mußten sie ihre Schulden bei der Bank und bei Onkel Sam abdecken. Die anderen, ein Ehepaar, hatten mit ihrem Gewinn von sechzehn Millionen Dollar ein Hotel in Vermont gekauft und rackerten sich sieben Tage in der Woche bei dem Versuch ab, die Unkosten zu decken. Was sie erübrigen konnten, wurde für Zeitungsanzeigen verwendet, in der Hoffnung, das Hotel anderweitig zu verscherbeln.

Ein Assistent erschien, um sie ins Aufnahmestudio zu bringen.

Alvirah war mittlerweile an Fernsehauftritte gewöhnt. Sie wußte, daß sie sich ein wenig schräg hinsetzen mußte, um etwas schlanker zu wirken. Sie trug keine klobigen Schmuckstücke, um störende Nebengeräusche zu vermeiden. Sie äußerte sich in kurzen, präzisen Sätzen.

Willy dagegen scheute nach wie vor die Öffentlichkeit. Auch wenn Alvirah ihm immer wieder versicherte, wie toll er aussähe und daß die Leute ihn für Tip O'Neill hielten, war er am glücklichsten, wenn er mit einer Zange in der Hand eine undichte Leitung reparierte. Willy war der geborene Klempner.

Donahue begann in seinem üblichen forschen, leicht skeptischen Tonfall. »Können Sie sich vorstellen, daß Sie ein Hilfskomitee benötigen, nachdem Sie etliche Millionen Dollar in der Lotterie gewonnen haben? Können Sie sich vorstellen, daß Sie pleite sind, auch wenn immer noch dicke Schecks bei Ihnen eingehen?«

»Nein«, brüllte das Publikum im Studio pflichtschuldig.

Alvirah zog den Bauch ein, ergriff dann Willys Hände und verschränkte ihre Finger ineinander. Sie wollte nicht, daß er auf dem Bildschirm nervös wirkte, wenn viele ihrer Verwandten und Freunde zuschauten. Schwester Cordelia, Willy älteste Schwester, hatte einen ganzen Haufen im Ruhestand lebender Nonnen ins Kloster eingeladen, damit sie sich die Sendung ansehen konnten.

Drei Männer, die das Programm begierig verfolgten, zählten nicht zu Donahues Stammpublikum. Sammy, Clarence und Tony waren gerade aus dem Hochsicherheitstrakt des Gefängnisses bei Albany entlassen worden, wo sie zwölf Jahre wegen Beteiligung an dem bewaffneten Raubüberfall auf einen Geldtransport gesessen hatten. Zu ihrem Pech blieb ihnen jedoch jede Gelegenheit versagt, die erbeuteten sechshunderttausend Dollar zu verjubeln. Der Fluchtwagen hatte, einen

Häuserblock vom Schauplatz des Verbrechens entfernt, eine Reifenpanne.

Nach Begleichung ihrer Schuld an die Gesellschaft, suchten sie jetzt einen neuen Weg, reich zu werden. Die Idee, den Angehörigen eines Lotteriegewinners zu entführen, stammte von Clarence. Aus diesem Grund sahen sie sich in ihrem schäbigen Hotelzimmer im Lincoln Arms die Sendung von Donahue an. Tony war mit fünfunddreißig zehn Jahre jünger als die beiden anderen, breitbrüstig, mit muskulösen Armen wie sein Bruder Sammy. Die kleinen Augen verschwanden unter schweren, von Fleischwülsten umrandeten Lidern. Das dicke dunkle Haar war ungekämmt. Er gehorchte seinem Bruder blind, und sein Bruder gehorchte Clarence.

Clarence war das komplette Gegenstück zu den beiden. Klein, drahtig, mit leiser Stimme verbreitete er um sich herum eine eisige Atmosphäre. Die instinktive Angst, die Menschen vor ihm empfanden, war durchaus begründet. Clarence fehlte von Geburt an jedes Gewissen, und wenn er während der Haft im Schlaf geredet hätte, wäre eine Reihe von ungeklärten Mordfällen gelöst worden.

Sammy hatte Clarence gegenüber nie zugegeben, daß Tony in der Nacht vor dem Raubüberfall mit dem Fluchtauto herumkutschiert und durch eine Straße voller Glasscherben gerast war. Dann wäre Tony nicht einmal Zeit geblieben, sein Bedauern darüber auszusprechen, daß er die Reifen nicht überprüft hatte.

Einer der Lotteriegewinner, die in Pferde investiert hatten, jammerte: »Kein Geld der Welt hätte gereicht, diese Klepper satt zu kriegen.« Seine Partner nickten nachdrücklich.

Sammy lachte höhnisch. »Diese Schwachköpfe können ja nicht mal 'n paar lumpige Kröten zusammenkratzen.« Er wollte den Fernseher abschalten.

»Warte doch noch«, fuhr ihn Clarence an.

Alvirah hatte das Wort. »Wir waren nicht an Geld gewohnt«, erklärte sie. »Ich meine, wir haben anständig gelebt. Wir hatten 'ne Dreizimmerwohnung in Flushing, und die behalten wir auch, nur für den Fall, daß der Staat pleite macht und uns mitteilt, wir könnten die restlichen Schecks in den Wind schreiben. Aber ich war Putzfrau und Willy Klempner, und wir mußten sparen.«

»Installateure verdienen doch blendend«, wandte Donahue ein.

»Nicht Willy.« Alvirah lächelte. »Er hat wenigstens die Hälfte seiner Zeit damit verbracht, in Pfarrhäusern und Klöstern und bei Leuten, die sich schwer taten, Reparaturen umsonst zu machen. Sie kennen das doch. Es kostet ein Heidengeld, Spülsteine und Toiletten und Badewannen in Schuß zu halten, und Willy fand, das wär seine Art, anderen das Leben zu erleichtern. Das tut er immer noch.«

»Ja, Sie hatten bestimmt auch ein paar Annehmlichkeiten durch das Geld?« erkundigte sich Donahue. »Sie sind sehr gut angezogen.«

Alvirah vergaß den werbewirksamen Hinweis auf Cypress Point Spa nicht, als sie erklärte, sie hätten sich in der Tat einige Annehmlichkeiten geleistet. Die Eigentumswohnung in Central Park South. Die vielen Reisen. Spenden für wohltätige Zwecke. Außerdem schrieb sie Artikel für den *New York Globe* und hatte obendrein das Glück, da und dort ein paar Verbrechen aufklären zu können. Der Beruf des Detektivs war von jeher ihr Wunschtraum. »Und dennoch haben wir in den fünf Jahren seither von jedem einzelnen Scheck die Hälfte gespart. Und das ganze Geld liegt auf der Bank.«

Clarence, gefolgt von Sammy und Tony, stimmte in den stürmischen Applaus der Studiogäste ein. Er lächelte jetzt, verkniffen, freudlos. »Zwei Millionen Mäuse im Jahr. Sagen wir mal, die Hälfte geht drauf für Steuern, dann bleibt ihnen also etwas über 'ne Million im Jahr, und davon legen die die Hälfte auf die hohe Kante. Die müssen zwei Millionen auf der Bank haben. Damit hätten wir 'ne Weile ausgesorgt.«

»Schnappen wir sie uns?« fragte Tony und zeigte auf den Bildschirm.

Clarence musterte ihn mit vernichtenden Blick. »Nein, du Trottel. Schau dir doch die beiden an. Er klammert sich an sie wie an 'nen Rettungsring. Der würde durchdrehen und zu den Bullen rennen. Wir nehmen ihn. Sie kriegt ihre Anweisungen und wird blechen, um ihn wiederzubekommen.« Er sah sich um. »Ich hoffe, Willy genießt das Zusammensein mit uns.«

Tony runzelte die Stirn. »Wir müssen ihm die Augen verbinden. Der darf mich nicht wiedererkennen, bei keiner Gegenüberstellung oder so was.«

Sammy seufzte tief. »Zerbrich dir darüber nicht den Kopf, Tony. Sowie wir die Knete haben, kann Willy Meehan im Hudson nach undichten Stellen suchen.«

Zwei Wochen danach ließ sich Alvirah im Salon von Louis Vincent, um die Ecke von der Wohnung im Central Park South, frisieren. »Seit der Sendung krieg' ich jede Menge Post«, erzählte sie Vincent. »Sogar einen Brief vom Präsidenten, können Sie sich das vorstellen? Er hat uns zu unserer vernünftigen Finanzgebarung beglückwünscht. Wir seien ein Musterbeispiel für stetige Vermögensbildung, schreibt er. Ich wünschte, er hätte uns zum Dinner ins Weiße Haus eingeladen.

Davon hab' ich schon immer geträumt. Na, vielleicht klappt's irgendwann mal.«

»Denken Sie bloß daran, sich dann rechtzeitig bei mir anzumelden«, ermahnte Vincent sie, als er ihrer Frisur den letzten Schliff gab. »Bekommen Sie eine Maniküre?«

Im nachhinein wußte Alvirah, sie hätte auf diese seltsame innere Stimme hören müsse, die ihr riet, in die Wohnung zurückzukehren. Dann hätte sie Willy noch erwischt, bevor er zu den Männern im Wagen stürzte.

Als der Portier sie eine halbe Stunde später sah, lächelte er erleichtert. »Mrs. Meehan, das muß ein Irrtum gewesen sein. Ihr Mann war völlig außer sich.«

Ungläubig hörte Alvirah zu, als José ihr berichtete, daß Willy in Tränen aufgelöst aus dem Fahrstuhl gerast kam. Alvirah habe unter der Trockenhaube einen Herzanfall gehabt, schrie er, und sei sofort ins Roosevelt Hospital gebracht worden.

»Draußen wartete ein Typ mit einem schwarzen Cadillac«, erläuterte José. »Er bog in die Auffahrt ein, als ich die Tür öffnete. Der Arzt hat Mr. Meehan seinen Privatwagen geschickt.«

»Hört sich komisch an«, sagte Alvirah langsam. »Ich sause gleich rüber zum Krankenhaus.«

»Ich ruf' Ihnen ein Taxi«, erbot sich der Portier. Sein Telefon klingelte. Er lächelte entschuldigend, als er den Hörer abnahm. »Zwo-elf Central Park South.« Er lauschte, sagte dann verblüfft: »Es ist für Sie, Mrs. Meehan.«

»Für mich?« Alvirah griff zum Telefon und hörte entgeistert auf diese Flüsterstimme: »Alvirah, passen Sie genau auf. Sagen Sie dem Portier, daß es Ihrem Mann bestens geht. Das Ganze war ein Mißverständnis. Er wird Sie später treffen. Dann fahren Sie nach oben in Ihre Wohnung und warten auf weitere Anweisungen.«

Willy war entführt worden. Alvirah wußte es. Mein Gott, dachte sie. »Sehr gut«, brachte sie mühsam heraus. »Sagen Sie Willy, ich hole ihn in einer Stunde ab.«

»Sie sind wirklich auf Draht, Mrs. Meehan«, flüsterte die Stimme.

Ein Klicken. Alvirah wandte sich zu José.

»Falscher Alarm natürlich. Der arme Willy.« Sie versuchte zu lachen. »Ah… ha… ha…«

José strahlte. »In Puerto Rico hab ich noch nie was davon gehört, daß ein Arzt seinen eigenen Wagen schickt.«

Die Wohnung lag im zweiundzwanzigsten Stock und hatte eine Terrasse mit Aussicht auf den Central Park. Normalerweise lächelte Alvirah, sobald sie die Tür öffnete. Das Apartment war so hübsch, und sie hatte einen Blick für Möbel, wie sie selber sagte. All die Jahre, in denen sie die Häuser von anderen Leuten putzte, hatten ihr viel über Inneneinrichtung beigebracht.

Doch diesmal blieb die Wirkung aus. Die elfenbeinfarbene Couch und das passende zweisitzige Sofa, Willys tiefer, bequemer Sessel mit dazugehörigem Sitzpolster, der kaminrote und königsblaue Orientteppich, der schwarz lackierte Tisch und die Stühle in der Eßecke, die späte Nachmittagssonne, die über die Decke aus buntem Herbstlaub im Park tanzte – nichts vermochte sie zu trösten.

Wozu war all das gut, wenn Willy irgend etwas zustieß? Alvirah wünschte aus tiefstem Herzen, sie hätten nie in der Lotterie gewonnen und wären wieder in Flushing, in ihrer Wohnung über der Schneiderwerkstatt von Orazio Romano. Um diese Zeit würde sie gerade vom Saubermachen bei Mrs. O'Keefe zurückkommen und aus Jux zu Willy sagen, Mrs. O'Keefe müsse mit einer Grammophonnadel geimpft worden sein. »Sie hält nie die Klappe, Willy, überschreit sogar noch den Staubsauger. Ein Segen, daß sie wenigstens nicht schlampig ist. Sonst würde ich im Leben nicht mit der Arbeit fertig.«

Das Telefon läutete. Alvirah sauste zum Apparat im Wohnzimmer, überlegte es sich dann anders und hastete ins Schlafzimmer. Dort befand sich der Anrufbeantworter. Sie schaltete ihn ein, als sie den Hörer abnahm.

Wiederum die Flüsterstimme. »Alvirah?«

»Ja. Wo ist Willy? Was immer Sie vorhaben, tun Sie ihm ja nichts.« Die Geräusche im Hintergrund hörten sich an wie startende Flugzeuge. War Willy auf einem Flugplatz?

»Wir tun ihm nichts, solange wir das Geld kriegen und solange Sie nicht die Bullen reinziehen. Sie haben sie doch nicht etwa verständigt, oder?«

»Nein. Ich möchte mit Willy sprechen.«

»Gleich. Wieviel Geld haben Sie auf der Bank?«

»Etwas über zwei Millionen Dollar.«

»Sie sind 'ne ehrliche Person, Alvirah. Stimmt ziemlich genau mit unserer Schätzung überein. Wenn Sie Willy zurückhaben wollen, fangen Sie besser schon mal an, was abzuheben.«

»Sie können alles kriegen.«

Ein leises Kichern. »Ich mag Sie, Alvirah. Zwei Millionen sind prima. Lassen Sie sich's bar auszahlen. Und keine Andeutung, daß irgendwas faul ist. Keine markierten Scheine, Baby. Und gehen Sie ja nicht zur Polente. Wir behalten Sie im Auge.«

Der Fluglärm wurde fast ohrenbetäubend. »Ich kann Sie nicht hören«, sagte Alvirah verzweifelt. »Und ich gebe Ihnen keinen müden Cent, bevor ich nicht weiß, daß Willy noch lebt.«

»Reden Sie mit ihm.«

Nach einer Minute sagte eine verängstige Stimme: »Hallo, mein Schatz.«

Unendliche Erleichterung erfüllte Alvirah. Ihr sonst so wacher, erfindungsreicher Verstand, seit Josés Bericht über Willys Einstieg in den »Arzt-Wagen« wie gelähmt, begann jetzt wieder messerscharf zu funktionieren.

»Darling«, kreischte sie, damit seine Entführer es auch hören konnten, »sag diesen Typen, sie sollen gut auf dich achtgeben. Sonst kriegen sie nicht das Schwarze unterm Nagel.«

Willy sah, wie der Boß, Clarence, den Daumen auf die Gabel drückte und die Verbindung unterbrach. »Hast 'ne echt tolle Frau, Willy«, sagte er. Dann schaltete Clarence den Apparat ab, der Fluggeräusche simulierte.

Willy fühlte sich schuldbewußt. Wenn Alvirah wirklich einen Herzanfall gehabt hätte, wäre er von Louis oder Vincent verständigt worden. Das hätte er wissen müssen. Was war er doch für ein Idiot. Er schaute sich um. Eine lausige Räuberhöhle. Als er in den Wagen einstieg, hatte ihm der auf dem Rücksitz versteckte Typ eine Kanone ins Genick gedrückt. »Keinen Muckser, sonst puste ich dich weg.«

In Tuchfühlung mit der Waffe bugsierten sie ihn durch die Halle, dann im wackeligen Fahrstuhl hinauf in diese Bruchbude. Das Hotel war nur einen Häuserblock entfernt vom Lincoln Tunnel. Trotz der fest geschlossenen Fenster verpesteten die Abgase von Bussen, Lastwagen und Autos die Luft unerträglich.

Willy hatte Tony und Sammy rasch eintaxiert. Nicht allzu hell im Kopf. Ihnen könnte er vielleicht irgendwie entwischen. Doch als Clarence auf den Plan trat und mit seiner Warnung an Alvirah herausrückte, den Portier in dem Glauben zu lassen, alles sei in Butter, da verspürte Willy zum erstenmal richtige Angst. Clarence erinnerte ihn an Nutsy, einen gleichaltrigen Jungen aus Kindertagen. Nutsy pflegte mit seinem Luftgewehr in Vogelnester zu schießen.

Es bestand kein Zweifel, daß Clarence der Boß war. Er rief Alvirah an und sprach mit ihr über das Lösegeld. Er traf die Entscheidung, Willy ans Telefon zu holen. Jetzt befahl er: »Verfrachtet ihn zurück in den Schrank.«

»He, Moment mal«, protestierte Willy. »Ich hab' Kohldampf.«

»Wir lassen Hamburger und Fritten kommen«, erklärte Sammy, während er ihn knebelte. »Du kriegst schon was zu futtern.«

Er verschnürte und verknotete Willys Füße und Beine, dann band er ihm die Hände zusammen und schob ihn in den engen Schrank. Die Tür schloß nicht dicht, so daß Willy das leise Gespräch mithören konnte. »Zwei Millionen Mäuse heißt, daß sie zwanzig Banken aufsuchen muß. Die hat auf keiner mehr als hundert Riesen, dafür ist sie viel zu gerissen – schon von wegen Versicherung. Dann muß sie Formulare ausfüllen, die Bank muß das Geld abzählen, also geben wir ihr drei, vier Tage, bis sie alles zusammenhat.«

»Sie braucht vier«, erklärte Clarence. »Bis Freitagabend kriegen wir die Kohle. Wir sagen ihr, daß wir's nachzählen, und dann kann sie Willy abholen.« Er lachte. »Dann schicken wir 'ne Karte und markieren die Stelle, wo der Bagger anfangen soll.«

Alvirah saß in Willys Sessel, starrte blicklos nach draußen, wo die späte Nachmittagssonne die Schatten im Central Park immer länger werden ließ. Als auch die letzten Strahlen verlöscht waren, zündete sie die Lampe an und erhob sich langsam. Es war sinnlos, an all die guten Zeiten zu denken, die sie und Willy in diesen vierzig Jahren verbracht hatten, oder an die Prospekte, die sie noch morgens durchgeblättert hatten, um ihre Wahl zu treffen zwischen einem Kamelritt durch Indien oder einer Ballon-Safari in Westafrika.

Ich hole ihn mir zurück, beschloß sie, wobei sie das Kinn noch etwas angriffslustiger vorstreckte. Zuallererst mußte sie sich eine Tasse Tee aufgießen. Als nächstes sämtliche Kontobücher herausnehmen und die Reihenfolge festlegen, in der sie eine Bank nach der anderen aufsuchen und Geld abheben wollte.

Die Banken lagen über Manhattan und Queens verstreut. In jeder unterhielten sie ein Konto von jeweils hunderttausend Dollar und natürlich die anfallenden Zinsen, die sie Ende des Jahres abhoben und damit ein neues Konto einrichteten. »Irgendwelche Spekulationen sind für uns nicht drin«, darüber waren sie sich einig. Auf die Bank. Versichert, Punktum. Als jemand sie zu überreden versuchte, Wertpapiere mit einer Laufzeit von zehn bis fünfzehn Jahren zu erwerben, hatte Alvirah erwidert: »In unserem Alter kommt nichts in Frage, was sich in zehn Jahren auszahlt.«

Lächelnd erinnerte sie sich an Willys Einwurf: »Und wir kaufen auch keine grünen Bananen.«

Alvirah schluckte einen Riesenkloß im Hals herunter, als sie den Tee trank, und beschloß, am nächsten Morgen in der 75th Street bei der Chase Manhattan anzufangen, dann zur Chemical gegenüber zu gehen, die

Park Avenue abzuklappern, von der Citibank an, und dann die Wall Street.

Sie lag die ganze Nacht über wach und grübelte, ob Willy auch nichts geschehen war. Ich werde sie dazu bringen, daß sie mich jeden Abend mit Willy sprechen lassen, bis ich das Geld zusammenhabe, gelobte sie sich. Dann können sie ihm auch nichts tun, bis ich irgendwas ausgeknobelt habe.

Bei Tagesanbruch war sie versucht, die Polizei zu verständigen. Als sie dann um sieben aufstand, verwarf sie den Gedanken. Vielleicht hatten diese Leute einen Spion im Gebäude sitzen, der solche auffälligen Aktivitäten in der Wohnung melden würde. Sie durfte kein Risiko eingehen.

Willy verbrachte die Nacht im Schrank. Sie lockerten die Stricke soweit, daß er ein wenig Bewegungsfreiheit hatte. Eine Decke oder ein Kissen gaben sie ihn allerdings nicht, und sein Kopf lag auf irgendeinem Schuh. Unmöglich, den wegzuschieben. Der Schrank war viel zu vollgestopft mit allem möglichen Krempel. Als er irgendwann eindöste, träumte er, sich an der Außenwand vom Mount Rushmore, direkt unter dem Antlitz von Teddy Roosevelt, zu befinden, festgeklammert mit einer steinernen Halskrause.

Die Banken öffneten erst um neun Uhr. Um 8 Uhr 30 hatte Alvirah in einem Anfall von überschäumender Energie die bereits blitzsaubere Wohnung geputzt. Im Schrank hatte sie eine wurstförmige Plastiktasche ausgegraben, das einzige in Central Park South vorhandene Überbleibsel aus der Zeit, in der sie und Willy mit dem Greyhound Ferienreisen in die Catskill Mountains unternahmen.

Es war ein frischer Oktobermorgen, und Alvirah trug

ein hellgrünes Kostüm, das sie sich während einer ihrer Schlankheitskuren gekauft hate. Der Rockbund klaffte, aber dieses Problem war mit Hilfe einer großen Sicherheitsnadel zu lösen. Automatisch befestigte sie die rosettenförmige Anstecknadel mit dem eingebauten Aufnahmegerät am Revers.

Immer noch zu früh für den Aufbruch. Alvirah bemühte sich, an den positiven Gedanken festzuhalten, daß alles in Butter wäre, sobald das Geld bezahlt war, setzte den Wasserkassel wieder auf und schaltete die Morgennachrichten ein.

Die Schlagzeilen waren diesmal halbwegs zivil. Kein Mafiaboß vor Gericht. Kein spektakulärer Mordfall. Keine Verhaftung von Dealern, die gepanschten Stoff verkauften.

Alvirah nippte an ihrem Tee und wollte gerade abschalten, als der Nachrichtensprecher mitteilte, vom heutigen Tag an könnten die New Yorker das Gerät benutzen, das die Telefonnummer von Anrufern aufzeichnete.

Sie brauchte einen Moment, bis ihr klar wurde, was das bedeutete. Dann sprang Alvirah auf und rannte zum Materialschrank. Unter den diversen elektronischen Geräten, die sie und Willy mit Begeisterung heimschleppten, befand sich auch eines, das die Telefonnummern von Anrufern aufzeichnete. Beim Kauf hatten sie übersehen, daß es in New York zwecklos war.

Lieber Gott, betete sie, als sie die Schachtel aufriß, den Recorder entnahm und ihn mit zitterden Fingern gegen den Anrufbeantworter im Schlafzimmer austauschte. Gib, daß sie Willy in New York festhalten. Gib, daß sie von dem Versteck aus anrufen.

Sie mußte noch eine Mitteilung auf Band sprechen. »Sie sind mit der Wohnung von Alvirah und Willy

Meehan verbunden. Bitte warten Sie den Signalton ab und hinterlassen Sie dann eine Nachricht. Wir rufen Sie baldmöglichst zurück.« Sie hörte die Ansage ab. Ihre Stimme klang verändert, besorgt, angespannt.

Schließlich hatte sie bei einer Schulaufführung in der Bronx einmal einen Preis gewonnen, rief sie sich ins Gedächtnis. Zeig, was du als Schauspielerin kannst, ermahnte sie sich. Sie holte tief Luft und begann von neuem: »Hallo. Sie sind mit der Wohnung...«

Das klingt schon besser, fand sie beim Abhören der neuen Version. Dann griff sie nach ihrer Schultertasche und machte sich auf den Weg zur Chase Manhattan Bank, um das Lösegeld für Willy zusammenzubringen.

Ich werd' noch verrückt, dachte Willy, als er die Arme zu biegen versuchte, die einerseits erstarrt waren und zugleich schmerzten. Seine Beine waren immer noch fest zusammengebunden. Die konnte man vergessen. Um halb neun hörte er leises Klopfen. Vermutlich der sogenannte Zimmerservice in dieser Absteige. Sie brachten Schlangenfraß auf Papptellern. Zumindest waren die Hamburger am Vorabend auf diese appetitliche Weise serviert worden. Egal, der Gedanke an eine Tasse Kaffee und eine Scheibe Toast machte Willy den Mund wäßrig.

Kurz darauf öffnete sich die Schranktür. Sammy und Tony glotzten zu ihm herunter. Sammy hielt die Kanone, während Tony den Knebel abnahm. »Na, gut gepennt?« Tonys abstoßendes Lächeln entblößte einen abgebrochenen Eckzahn.

Willy wünschte sich sehnlichst, bloß zwei Minuten die Hände frei zu haben. Die juckte es, Tonys anderen Eckzahn dem ersten anzugleichen und so für Symmetrie zu sorgen. »Geschlafen wie ein Säugling«, log er.

Er nickte in Richtung Badezimmer. »Wie wär's damit?«
»Was?« Tony blinzelte, sein zerknautschtes Gesicht
glich einer verwirrten Gummipuppe.

»Er muß auf den Topf«, erläuterte Clarence. Er durch-
querte den engen Raum und beugte sich über Willy.
»Siehste die Kanone?« Er deutete darauf. »Hat 'nen
Schalldämpfer. Eine falsche Bewegung und aus der
Traum. Sammy hat 'nen sehr nervösen Zeigefinger.
Dann sind wir alle stocksauer, weil du uns so viel Mühe
gemacht hast. Und die Wut müssen wir dann an deiner
Alten auslassen. Kapiert?«

Willy war fest davon überzeugt, daß Clarence es ernst
meinte. Tony mochte dämlich sein. Sammy hatte ja
vielleicht einen nervösen Zeigefinger, aber ohne Einwil-
ligung von Clarence würde er garantiert nichts unter-
nehmen. Und Clarence war ein Killer. Er bemühte sich
um einen ruhigen Tonfall. »Ich hab's kapiert.«

Irgendwie gelang es ihm zum Badezimmer zu humpeln. Tony lockerte die Handfesseln, so daß er sich etwas
Wasser ins Gesicht spritzen konnte. Willy schaute sich
angewidert um. Der Fliesenfußboden war brüchig und
anscheinend seit Jahren nicht mehr geputzt worden. Auf
der Beschichtung von Wanne und Waschbecken hatten
sich überall Rostflecken eingefressen. Am schlimmsten
war das ständige Tropfen aus Wasserbehälter, Hähnen
und Dusche. »Hört sich an wie die Niagarafälle«, bemerkte er zu Tony, der an der Tür stand.

Tony schubste ihn zu dem wackeligen Spieltisch, an
dem Sammy und Clarence saßen und der mit Kaffee-
bechern und Abfällen von irgendwelchen Gepäckver-
packungen übersät war. Clarence wies mit einer Kopfbewegung auf den Klappstuhl neben Sammy. »Setz
dich dahin.« Dann drehte er sich ruckartig um. »Mach
die verdammte Tür zu«, befahl er Tony. »Ich werd'

wahrsinnig bei dem elenden Getropfe. Hat mich die halbe Nacht nicht schlafen lassen.«

Willy kam eine Idee. Er versuchte, möglichst beiläufig zu klingen. »Ich schätze, wir bleiben 'n paar Tage hier. Wenn ihr mir die richtigen Werkzeuge besorgt, kann ich das für euch reparieren. Ich bin nämlich der beste Klempner, den ihr je entführt habt.«

Alvirah lernte, daß es viel leichter war, Geld in einer Bank zu deponieren, als es wieder herauszubekommen. Als sie ihren Abhebungsschein in der Chase Manhattan vorlegte, bekam der Kassierer Stielaugen. Dann bat er sie, sich zu einem Direktionsassistenten zu bemühen. Fünfzehn Minuten später beteuerte Alvirah immer noch beharrlich, sie sei keneswegs unzufrieden mit dem Kundendienst, nein. Ja, sie wünsche ohne jeden Zweifel eine Barauszahlung. Ja, sie habe verstanden, was ein von der Bank bestätigter Scheck sei. Schließlich fragte sie unverblümt: »Ist es nun mein Geld oder nicht?«

»Natürlich. Selbstverständlich.« Man müsse sie nur bitten, ein paar Formulare auszufüllen – eine Vorschrift bei Barabhebungen über mehr als zehntausend Dollar.

Es wurde kurz vor zwölf, bis Alvirah einem Taxi winken konnte, das sie die drei Häuserblocks bis zur Wohnung brachte. Sie stopfte das Geld in eine Kommodenschublade und machte sich wieder auf den Weg zur Chemical Bank in der Eighth Aveneu.

Abends hatte sie von den benötigten zwei Millionen nur dreihunderttausend zusammenbekommen. Nun saß sie in der Wohnung und starrte auf das Telefon. Es gab eine Möglichkeit, das Verfahren zu beschleunigen. Am nächsten Morgen würde sie bei den restlichen Banken anrufen und ihre Abhebungen ankündigen. Fangt schon mal zu zählen an, Leute...

Um halb sieben klingelte das Telefon. Als Alvirah nach dem Hörer griff, erschien auf dem Anrufbeantworter eine Nummer. Eine wohlbekannte. Die unvergleichliche Schwester Cordelia war am Apparat.

Willy hatte sieben Schwestern, von denen sechs ins Kloster gegangen waren. Die inzwischen verstorbene siebente war die Mutter von Brian, dem Dramatiker, den Alvirah und Willy wie einen Sohn liebten. Brian befand sich derzeit in London. Alvirah hätte sich an ihn um Hilfe gewandt, wenn er in New York gewesen wäre.

Cordelia jedoch gedachte sie kein Wort von Willys Entführung zu sagen. Die würde prompt im Weißen Haus anrufen und vom Präsidenten verlangen, er solle unverzüglich die Army in Marsch setzen, um ihren Bruder zu retten.

Cordelia hörte sich etwas verärgert an. »Alvirah, Willy sollte heute nachmittag herkommen. Bei einer von den alten Damen, die wir betreuen, muß die Toilette repariert werden. Sieht ihm gar nicht ähnlich, so was zu vergessen. Gib ihn mir mal.«

Alvirah lachte, ein Hahaha, das selbst in ihren Ohren klang wie die Tonkonserven miserabler Fernsehshows. »Cordelia, das muß er glatt verschwitzt haben. Willy ist... er...« Plötzlich kam ihr eine Erleuchtung. »Willy ist in Washington, er soll sich dazu äußern, wie sich die Installationen in den vom Staat restaurierten Wohnhäusern am preisgünstigsten reparieren lassen. Der Präsident hat gelesen, daß Willy in solchen Sachen genial ist, und nach ihm geschickt.«

»Der Präsident!« Cordelias ungläubiger Ton erweckte in Alvirah den Wunsch, sie hätte besser irgendeinen Kongreßabgeordneten zitiert. Ich lüge eben nie, dachte sie wütend. Ich kann's einfach nicht.

»Willy würde nie ohne dich nach Washington fahren«, ereiferte sich Cordelia.

»Sie haben ihn mit dem Wagen abgeholt.« Na, wenigstens das ist wahr, dachte Alvirah.

Sie hörte das langgedehnte Hm... am anderen Ende der Leitung. Cordelia ließ sich von keinem zum Narren halten. »Na schön, wenn er zurückkommt, sage ihm bitte, er soll gleich mal vorbeischauen.«

Nach zwei Minuten klingelte es wieder. Diesmal erschien keine bekannte Nummer. Das sind SIE, dachte Alvirah. Sie sah ihre Hand zittern, zwang sich, an ihren Schauspielerpreis zu denken, und nahm den Hörer ab. Ihr Hallo kam forsch und zuversichtlich.

»Wir hoffen, Sie haben die Banken abgeklappert, Mrs. Meehan.«

»Ja, hab' ich. Geben Sie mir Willy.«

»Gleich können Sie mit ihm reden. Freitagabend wollen wir das Geld.«

»Freitagabend! Heut ist Dienstag. Da bleiben mir nur drei Tage. Es dauert 'ne Weile, das Ganze zusammenzukriegen.«

»Halten Sie sich ran. Und jetzt Ihr Hallo an Willy.«

»He, Schatz.« Willys Stimme klang gedämpft. Dann sagte er: »Laßt mich doch reden.«

Alvirah hörte etwas zu Boden fallen. »Okay, Alvirah«, sagte die Flüsterstimme. »Wir rufen erst wieder am Freitagabend um sieben Uhr an. Dann lassen wir Sie mit Willy reden und sagen Ihnen, wo Sie uns treffen. Vergessen Sie nicht – irgendwelche Mätzchen, und Sie müssen Ihre Klempnerrechnung bezahlen. Willy steht dann für Reparaturen nicht mehr zur Verfügung.«

Ein Klicken. Willy. Willy. Sie umklammerte immer noch den Hörer, starrte die aufgezeichnete Nummer an: 555-7000. Sollte sie zurückrufen? Aber falls sich einer von denen meldete, wüßten sie, daß sie ihnen nachspürte. Also versuchte sie es beim *Globe*. Jim, ihr Chefredakteur, saß noch am Schreibtisch, wie erwartet. Sie erklärte, was sie brauchte.

»Klar, das kann ich für Sie rauskriegen, Alvirah. Sie klingen irgendwie mysteriös. Arbeiten Sie an einem Fall, über den Sie einen Artikel für uns schreiben können?«

»Das wiß ich noch nicht genau.«

Zehn Minuten später rief er zurück. »He, Alvirah, das ist 'n ganz obskures Etablissement, nach dem Sie fahnden. Heißt Lincoln Arms Hotel, in der Ninth Avenue, in der Nähe vom Tunnel. ›Absteige‹ wär noch geprahlt.«

Lincoln Arms Hotel. Alvirah rang sich noch einen Dank an Jim ab, bevor sie den Hörer hinknallte und hinausstürzte.

Vorsichtshalber verließ sie das Gebäude durch die Garage und nahm ein Taxi. Sie wollte dem Fahrer die Adresse des Hotels nennen, überlegte es sich dann anders. Wenn nur einer von Willys Entführern sie entdeckte? Sie ließ sich am Busbahnhof absetzen. Das war nur einen Block vom Lincoln Tunnel entfernt.

Mit Kopftuch und hochgeschlossenem Mantelkragen ging Alvirah am Lincoln Arms Hotel vorbei. Zu ihrem Schrecken stellte sie fest, daß es sich um einen recht umfänglichen Komplex handelte. Sie schaute zu den Fenstern hinauf. Befand sich Willy hinter einem? Das Haus sah aus, als sei es vor dem Bürgerkrieg erbaut worden, aber es hatte mindestens zehn bis zwölf Stockwerke. Wie konnte sie ihn dort jemals finden? Wiederum überlegte sie, ob sie die Polizei rufen solle, und dann erinnerte sie sich wieder an den Fall, in dem eine Ehefrau genau das gemacht hatte; die Bullen wurden am vereinbarten Ort bei der Übergabe des Lösegelds entdeckt, und die Entführer rasten davon. Die Leiche fand man nach drei Wochen.

Alvirah stand an der Seitenfront des Hotels im Dunkeln und betete. Und dann sah sie es. Ein Schild im Fenster. BEDIENUNG GESUCHT. Schichtdienst von 16 bis 24 Uhr. Zimmerkellnerin? Sie mußte diesen Job unbedingt kriegen, aber nicht in diesem Aufzug.

Ohne auf die Lastwagen, Autos und Busse zu achten, die auf den Tunnel zurasten, schoß Alvirah auf die Straße, schnappte sich ein Taxi und nannte die Adresse in Flushing.

Vierzig Jahre lang war die alte Wohnung ihr Zuhause gewesen, und sie sah noch genauso aus wie an dem Tag, als sie in der Lotterie gewonnen hatten. Die dunkelgraue Samtcouch mit den tiefen Polstern und dem passenden Sessel, der kleine Teppich in Grün und Orange, den die Dame, bei der sie dienstags putzte, ausrangiert hatte, die Schlafzimmereinrichtung mit Mahagonifurnier, von Willys Mutter mit in die Ehe gebracht.

Im Schrank hingen all die Sachen, die sie damals getragen hatte. Farbenfrohe Baumwollkleider. Lange Hosen und Sweatshirts aus Polyester, Turnschuhe und ebenso hochhackige Schuhe, alles Sonderangebote. Im Spiegelschrank im Badezimmer fand sie die Hennatönung, mit der ihr Haar die gleiche Fabe bekam wie die aufgehende Sonne auf der japanischen Flagge.

Eine Stunde später war keine Spur mehr übrig von der zur feinen Dame avancierten Lotteriegewinnerin. Leuchtend rote Haarsträhnen umrahmten ein Gesicht, grell geschminkt, wie sie es bevorzugte, bevor Baronin Min ihr beibrachte, daß weniger mehr war. Der alte Lippenstift paßte zum flammendroten Haar. Ihre Augen waren farbenprächtig dekoriert. Arbeitshosen, die

über dem Gesäß spannten, knöchellange, dicke Woll-
socken, abgetragene Turnschuhe, ein Sweatshirt mit
Fellbesatz und der bunten Skyline von Manhattan auf
dem Rücken machten die Verwandlung komplett.

Alvirah begutachtete das Ergebnis tief befriedigt. Ich
sehe genau aus wie jemand, der sich in dem lausigen
Hotel um einen Job bewirbt, befand sie. Zögernd ließ
sie die rosettenförmige Anstecknadel in der Schublade.
Die paßte einfach nicht auf das Sweatshirt.

Als sie ihren alten Allwettermantel anzog, fiel ihr ein,
daß sie Geld und Schlüssel noch umräumen müßte in
die schwarz-grüne Einkaufstasche, die sie immer zu
ihren Putzstellen mitgenommen hatte.

Nach vierzig Minuten war sie im Lincoln Arms Hotel.
Die schmuddelige Halle bestand aus einem abgenutz-
ten Schreibtisch vor einer mit Briefkästen bestückten
Wand sowie vier Sesseln in unterschiedlich ramponier-
tem Zustand. Der fleckige Teppich war durchlöchert,
darunter erkannte man den uralten Linoleumbelag.

Was heißt hier Zimmerkellnerin, dachte Alvirah, die
sollten sich nach einer Putzfrau umschauen.

Als sie auf den Schreibtisch zuging, blickte der sogenannte Empfangschef auf, ein bleichgesichtiger Typ mit
trüben Augen.

»Sie wünschen?«

»Einen Job. Bin 'ne gute Kellnerin.«

Er verzog mehr höhnisch als lächelnd den Mund.
»Gut brauchen Sie gar nicht zu sein, nur fix. Wie alt?«

»Fünfzig«, schwindelte Alvirah.

»Wenn Sie fünfzig sind, bin ich zwölf. Scheren Sie
sich weg.«

»Ich brauche unbedingt 'nen Job.« Alvirah ließ nicht
locker. Sie hatte Herzklopfen, spürte Willys Gegenwart.
Sie konnte darauf schwören, daß er irgendwo in diesem

Hotel versteckt war. »Geben Sie mir eine Chance. Ich arbeite auch von vier Tagen drei umsonst.. Wenn sich nicht bis – sagen wir, Samstag – rausstellt, daß ich die beste Kraft bin, die Sie je gehabt haben, können Sie mich rausschmeißen.«

Er zuckte die Achseln. »Was kann ich da schon groß verlieren? Also kommen Sie morgen, Punkt vier. Wie heißen Sie doch gleich?«

»Tessie«, entgegnete Alvirah unbeirrt. »Tessie Magink.«

Am Mittwochmorgen spürte Willy, wie die Spannung zwischen seinen Entführern wuchs. Clarence verweigerte Sammy rundweg die Erlaubnis, den Raum zu verlassen. Als Sammy sich beschwerte, fuhr Clarence ihn an: »Nach zwölf Jahren Knast dürfte es dir ja nicht schwerfallen, seßhaft zu bleiben.«

Weit und breit kein Zimmermädchen, das anklopfte, um sauberzumachen. Aber hier war anscheinend sowieso seit einem einem Jahr nicht mehr geputzt worden, befand Willy. Die drei Feldbetten standen nebeneinander, mit dem Kopfende an der Badezimmerwand. Eine schmale Frisierkommode, von der die Kunststofffolie sich ablöste, ein Schwarzweißfernseher und ein runder Tisch mit vier Stühlen vervollständigten die Einrichtung.

Dienstagabend hatte Willy seine Wärter überredet, ihn im Badezimmer auf dem Fußboden schlafen zu lassen. Dort war mehr Platz als im Schrank, und wenn er sich besser ausstrecken konnte, würde ihm auch das Gehen leichter fallen nach der Übergabe des Lösegeldes. Die Blicke, die sie bei diesem Vorschlag wechselten, entgingen ihm keineswegs. Sie dachten gar nicht daran, ihn laufenzulassen. Das hieß, ihm blieben etwa achtundvierzig Stunden, einen Fluchtweg aus dieser Mausefalle zu ersinnen.

Um drei Uhr früh, als er Sammy und Tony im Duett schnarchen und Clarence schwer, aber regelmäßig atmen hörte, hatte Willy es geschafft, sich hochzurappeln und zur Toilette zu humpeln. Das Seil, mit dem er am Badewannenhahn festgebunden war, gewährte ihm gerade genügend Spielraum, den Deckel des Wassertanks zu fassen. Mit seinen gefesselten Händen hob er ihn an, legte ihn aufs Waschbecken und langte in das schmutzige, mit Rost durchsetzte Wasser. Binnen weniger Minuten war das Tropfen lauter, häufiger und hartnäckiger geworden.

Das nervtötende, andauernde Glucksen hatte Clarence geweckt. Willy lächelte boshaft in sich hinein, als Clarence geiferte: »Ich werd' noch wahnsinnig. Hört sich an wie'n pissendes Kamel.«

Als das Frühstück gebracht wurde, lag Willy bereits wieder gefesselt und geknebelt im Schrank, diesmal mit Sammys Kanone an der Schläfe. Vom Korridor hörte er das leise Krächzen des offenbar alten Mannes, vermutlich der einzige Zimmerkellner. Den alarmieren zu wollen, wäre reine Zeitverschwendung.

Am Nachmittag machte sich Clarence daran, die Badezimmertür mit Handtüchern zu verpflastern, doch das penetrante Geräusch rinnenden Wassers ließ sich nicht blockieren. »Ich krieg' wieder mal meine gräßlichen Kopfschmerzen«, knurrte er und ließ sich auf dem ungemachten Bett nieder. Kurz darauf begann Tony zu pfeifen. Sammy brachte ihn sofort zum Schweigen. »Wenn Clarence einen von seinen Kopfschmerzanfällen kriegt, heißt's aufpassen.«

Tony langweilte sich eindeutig. Seine Frettchenaugen wurden glasig, als er sich vor den Fernseher hockte, die

Lautstärke auf ein Minimum drosselte. Willy saß neben ihm, an den Stuhl gefesselt, den Knebel so weit gelockert, daß er durch die fast geschlossenen Lippen sprechen konnte.

Am Tisch spielte Sammy unentwegt Solitär. Am Spätnachmittag hatte Tony genug vom Fernsehen und schaltete ab. »Hast du Kinder?« fragte er Willy.

Wenn es für ihn irgendeine Hoffnung gab, lebend aus dieser Bruchbude herauszukommen, dann mußte er auf Tony setzen. Das war Willy klar. Bemüht, seine teils verkrampften, teils erstarrten Gliedmaßen zu ignorieren, erklärte er Tony, daß ihm und Alvirah zwar Kinder versagt geblieben waren, sie aber seinen Neffen Brian wie ihren eigenen Sohn liebten, vor allem, seit dem Heimgang seiner Mutter, Willys Schwester. »Ich hab' außerdem noch sechs Schwestern«, erläuterte er. »Alle Nonnen. Cordelia ist die älteste. Am einundzwanzigsten wird sie achtundsechzig.«

Tony fiel die Kinnlade herunter. »Mach Sachen. Als Junge hab' ich mich viel auf der Straße rumgetrieben und mir'n paar Kröten damit verdient, daß ich Frauen um ihren Geldbeutel erleichtert hat', du verstehst schon. Aber mit Nonnen bin ich nie Schlitten gefahren, nicht mal auf dem Weg zum Supermarkt, wo sie ja Bares bei sich haben. Und von 'nem guten Reibach hab ich immer zwei Dollar in den Briefkasten vom Kloster geschoben, so 'ne Art Dank.«

Willy tat beeindruckt von Tonys Freigiebigkeit.

»Wollt ihr wohl die Klappe halten?« herrschte Clarence sie an. »Mir platzt der Schädel.«

Willy betete im Stillen, als er sagte: »Ich brauche ja bloß 'nen Franzosen und 'nen Schraubenzieher, dann könnt ich's abdichten.«

Wenn ich nur Hand an den Behälter legen könnte,

dachte er. Alles unter Wasser setzen. Sie könnten ihn nicht gut erschießen, wenn Leute angerannt kämen, um die Überschwemmung zu stoppen.

Schwester Cordelia wußte, daß irgend etwas nicht stimmte. Bei aller Liebe zu Willy konnte sie sich nicht vorstellen, daß der Präsident ihn mit einem Privatwagen abholen ließ. Außerdem: Alvirah war immer so offen, daß man in ihr lesen konnte wie in einem offenen Buch. Doch als Cordelia sie am Mittwochabend telefonisch zu erreichen versuchte, meldete sie sich nicht. Und als sie sie dann um halb vier erwischte, schien sie außer Atem zu sein. Sie habe gerade einen anstrengenden Lauf hinter sich, erklärte sie, ohne nähere Angaben zu machen. Natürlich ging es Willy blendend. Warum auch nicht? Am Wochenende wäre er wieder daheim.

Das Kloster befand sich in einer Wohnung in einem alten Haus in der Amsterdam Avenue Ecke 110th Street. Schwester Cordelia lebte dort zusammen mit vier älteren Nonnen und einer einzigen Novizin, der siebenundzwanzigjährigen Schwester Maeve Marie, einer ehemaligen Polizistin, die nach drei Dienstjahren erkannt hatte, wozu sie berufen war.

Nach Beendigung ihres Gesprächs mit Alvirah ließ sich Cordelia schwer auf einen massiven Küchenstuhl sinken. »Maeve, irgendwas stimmt nicht mit Willy«, sagte sie. »Ich spür' das genau.«

Das Telefon klingelte abermals. Arturo Morales, Direktor der Bank in Flushing, gleich um die Ecke von Willys und Alvirahs alter Wohnung.

»Schwester«, begann er, »ich belästige Sie höchst ungern, aber ich mache mir Sorgen.«

Cordelia hörte beklommen zu, als Arturo ihr erklärte, Alvirah habe versucht, hunderttausend Dollar abzuheben. Sie konnten ihr nur zwanzigtausend auszahlen, hatten ihr aber die restliche Summe bis Freittagmorgen versprochen.

Cordelia bedankte sich für die Information, gelobte striktes Stillschweigen darüber, daß er das Bankgeheimnis verletzt hatte, legte auf und herrschte Maeve an: »Los, mach schon. Wir gehen zu Alvirah.«

Alvirah meldete sich pünktlich um vier im Lincoln Arms Hotel zur Stelle. Sie hatte sich in der Hafenbehörde umgezogen. Als sie jetzt vor dem Portier stand, fühlte sie sich in ihrer Verkleidung ganz sicher. Er bedeutete ihr mit einer ruckartigen Kopfbewegung, daß sie den Korridor hinuntergehen müsse bis zu der Tür mit der Aufschrift EINTRITT VERBOTEN.

Die führte in die Küche. Der Chefkoch, ein knochiger Siebziger, der Gabby Hayes, dem Cowboystar der vierziger Jahre, verblüffend ähnlich sah, bereitete Hamburger zu. Von den Fettspritzern auf dem Bratrost stiegen Rauchwolken zur Decke. Er blickte hoch. »Du bist Tessie?«

Alvirah nickte.

»Okay. Ich bin Hank. Fang schon mal mit Auftragen an.«

Finessen gab es in der Abteilung Zimmerservice nicht. Braune Plastikbecher, wie sie in den Cafeterias der Krankenhäuser zu finden sind, derbe Servietten, Plastikgeschirr, Senf, Ketchup und Gewürze in Probetüten.

Hank schaufelte schwammige Hamburger auf Brötchen. »Schenk den Kaffee ein. Nicht zu voll. Fritten auftun.«

Alvirah gehorchte. »Wieviel Zimmer gib's hier?,« erkundigte sie sich, während sie die Tabletts herrichtete.

»Hundert.«

»So viele!«

Hank grinste, entblößte dabei ein von Nikotin ver-
färbtes Gebiß. »Nur vierzig Übernachtungen. Der Stun-
denbetrieb verlangt keinen Zimmerservice.«

Alvirah überlegte. Vierzig – das ging noch. Ihrer
Schätzung nach mußten mindestens zwei Männer an
der Entführung beteiligt sein. Ein Fahrer, einer, der
Willy im Zaum hielt. Womöglich sogar noch einer, der
das erste Telefongespräch führte. Sie mußte also auf
große Bestellungen achten. Das war wenigstens ein
Anfang.

Sie machte sich ans Servieren, von Hank eindringlich
ermahnt, sofort zu kassieren. Die Hamburger gingen an
die Theke, wo etwa ein Dutzend brutale Typen herum-
lungerten, denen man nicht im Dunkeln begegnen wollte. Die zweite Bestellung brachte sie dem Empfangschef
und dem Hoteldirektor, die in einem stickigen Raum
hinter der sogenannten Rezeption residierten. Ihre Rie-
sensandwiches gingen auf Kosten des Hauses. Ihr nächstes Tablett mit Cornflakes sowie einem doppelten
Whisky nebst Bier bekam ein verlotterter, triefäugiger
Rentner. Alvirah war überzeugt, daß ihm die Cornflakes erst nachträglich eingefallen waren.

Danach wurde sie mit einem schweren Tablett zu vier
Männern beordert, die im neunten Stock Karten spiel-
ten. Eine weitere Runde in der siebenten Etage bestellte
Pizzas. Im achten Stock empfing sie ein vierschrötiger
Kerl an der Tür mit den Worten: »Ach, Sie sind neu.
Ich nehm's schon. Hämmern Sie nicht an die Tür, wenn
Sie's abholen kommen. Mein Bruder hat gräßliche
Kopfschmerzen.« Hinter ihm konnte Alvirah einen
Mann erkennen, der auf einem Bett lag, die Augen mit
einem Tuch bedeckt. Ein unablässiges Tropfgeräusch

im Badezimmer erinnerte sie übermächtig an Willy. Er hätte das im Nu abgedichtet.

Sonst war eindeutig niemand im Raum, und der Typ an der Tür machte den Eindruck, als könne er alles auf dem Tablett spielend allein verputzen.

Die Wünsche nach Zimmerservice hielten Alvirah von sechs bis etwa zehn Uhr in Trab. Aus ihren eigenen Beobachtungen und aus den Erklärungen von Hank, der immer geschwätziger wurde, je mehr er ihre Tüchtigkeit schätzen lernte, konnte sich Alvirah ein klares Bild machen. Es gab zehn Etagen mit jeweils zehn Zimmern. Die ersten sechs Stockwerke waren für Stundengäste reserviert. Die Zimmer in der oberen Etage waren am geräumigsten, alle mit Bad, und zur Vermietung für zumindest einige Tage gedacht.

Bei einem handfesten Hamburger, den sie ihm um zehn zubereitete, erfuhr sie von Hank, daß sich hier jeder unter falschem Namen eintrug. Alle zahlten bar. »Einer kommt her, um seine privaten Postfächer zu leeren. Er publiziert Pornohefte. Ein anderer organisiert Kartenspiele. Viele saufen sich hier einen an, wenn sie eigentlich auf Geschäftsreise sein sollen. In der Preislage. Keine krummen Touren. Mehr so 'ne Art Privatclub.«

Hanks Kopf begann allmählich herabzusinken, nachdem er das dritte Glas Bier geleert hatte. Ein paar Minuten später war er eingeschlafen. Leise schlich Alvirah sich an den Tisch, der zugleich als Arbeitsplatz und Ablagefläche diente. Wenn sie eine Bestellung ausgeführt und abkassiert hatte, mußte sie das Geld hier in eine Zigarrenkiste tun. Der Bestellzettel mit Preisangabe kam in die Schachtel daneben. Laut Hanks Erklärung endete der Zimmerservice um Mitternacht, der Portier zählte das Geld nach, kontrollierte die Summe anhand der Quittungen und deponierte es im Safe, der unten im Kühlschrank versteckt war. Die Bestellzettel wurden dann in einen unter dem Tisch befindlichen Karton geworfen. Im Augenblick türmte sich ein ganzer Berg darin.

Wenn ein paar von ihnen fehlten, würde das keinem auffallen. Die neuesten dürften obenauf liegen, kalkulierte Alvirah, fischte einen Stapel heraus und stopfte ihn in ihre voluminöse Tragtasche. Zwischen elf und zwölf brachte sie drei weitere Bestellungen in die Bar. Es war ihr unmöglich, müßig in der schmutzigen Küche herumzustehen, und so machte sich Alvirah ans Putzen, mit dem benebelten Hank als Zuschauer.

In der Hafenbehörde zog sie sich geschwind wieder um, wischte sich die Schminke aus dem Gesicht, wickelte sich einen Turban um das grellrote Haar und landete dann um Viertel nach eins mit dem Taxi in Central Park South. Ramon, der Nachtportier, empfing sie mit der Mitteilung: »Schwester Cordelia war hier. Sie hat 'ne Menge Fragen gestellt, wo Sie sind.«

Cordelia ist kein Dummkopf, mußte Alvirah widerwillig zugeben. Doch da begann der Plan Gestalt anzunehmen, in dem Cordelia eine Rolle spielte.

Noch bevor Alvirah ihren erschöpften Körper in das nach Ölen duftende Schaumbad sinken ließ, ordnete sie die schmierigen Bestellzettel. Binnen einer Stunde hatte sie die Möglichkeiten eingeengt. Aus sieben Zimmern kamen regelmäßig große Bestellungen. Sie schob die nagende Furcht weit von sich, daß die Bewohner durchweg Kartenspieler oder sonstige Glücksritter waren, und Willy sich jetzt vielleicht schon in Alaska befand. Ihr Instinkt hatte gleich nach Betreten des Hotels gesagt, daß er ganz in der Nähe war.

Es war fast drei Uhr, als sie sich in das Doppelbett

legte. Trotz ihrer Müdigkeit konnte sie einfach nicht einschlafen. Schließlich sah sie ihn im Geiste neben sich. »Gute Nacht, mein Schatz«, sagte sie laut und hörte ihn in Gedanken antworten: »Schlaf gut, Liebling.«

Am Donnerstagmorgen waren die Kopfschmerzen so unerträglich geworden, daß sie Clarence den Schädel zu sprengen drohten und er zu schielen anfing. Selbst Tony bemühte sich, ihm nicht in die Quere zu kommen. Er rührte den Fernseher nicht an, sondern begnügte sich damit, neben Willy zu sitzen und ihm heiser flüsternd seine Lebensgeschichte zu erzählen. Er war gerade dabei, wie er als Siebenjähriger entdeckt hatte, daß Ladendiebstahl im Süßwarengeschäft ein Kinderspiel war, als Clarence vom Bett blaffte: »Du sagst, du kannst das verdammte Ding abdichten?«

Willy wollte seine Aufregung nicht allzu deutlich zeigen, aber seine Kehle war wie zugeschnürt, als er heftig nickte.

»Was brauchste?«

»Einen Franzosen«, krächzte Willy durch den Knebel. »Einen Schraubenzieher. Draht.«

»In Ordnung. Du hast's gehört, Sammy. Zieh los und schaff das Zeug her.«

Sammy spielte wieder Solitär. »Ich schick' Tony.«

Clarence fuhr hoch. »DU gehst, hab ich gesagt. Dein dämlicher Bruder quatscht doch jeden an und bindet ihm auf die Nase, wohin er geht, warum er's macht, für wen er's besorgt. Hau jetzt ab.«

Sammy zitterte bei dem Tonfall, ihm fiel ein, wie Tony mit dem Fluchtwagen eine Vergnügungsfahrt unternommen hatte. »Sicher, Clarence, klar«, besänftigte er ihn. »Und wo ich schon mal unterwegs bin, könnt' ich doch was zu essen mitbringen vom Chinesen, wie wär's? Mal 'ne Abwechslung.«

Die finstere Miene hellte sich sofort auf. »Okay. Und jede Menge Sojasoße, denk dran.«

Schwester Cordelia erschien am Donnerstagmorgen um sieben Uhr. Alvirah war darauf gefaßt. Sie war vor einer halben Stunde aufgestanden, in Willys kariertem Bademantel geschlüpft, der leicht nach seinem Rasierwasser roch, und hatte eine Kanne Kaffee auf dem Herd. »Was ist los?« fragte Cordelia schroff.

Bei Kaffee und Gebäck erklärte Alvirah die Lage. »Wenn ich behaupten würde, ich hätte keine Angst, wär' das glatt gelogen, Cordelia«, schloß sie. »Ich hab' 'ne Todesangst um Willy. Aber wenn jemand das Haus beobachtet oder womöglich einen Botenjungen als Spitzel angeheuert hat und so erfährt, daß auffällige Typen dort ein- und ausgehen, bringen sie Willy um. Er ist in dem Hotel, Cordelia, das schwör' ich dir, und ich hab' 'nen Plan. Maeve hat doch noch ihren Waffenschein, oder?«

»Ja.« Schwester Cordelias graue Augen fixierten Alvirah mit durchdringendem Blick.

»Und sie steht immer noch gut mit den Typen, die sie in den Knast geschickt hat, stimmt's?«

»Aber sicher. Die lieben sie alle abgöttisch. Du weißt ja, wie sie Willy bei Reparaturen zur Hand gehen, und unseren Kranken bringen sie immer abwechselnd das Essen.«

»Genau darauf will ich hinaus. Sie passen dort prima ins Bild. Ich hätt's gern, daß drei oder vier von ihnen sich morgen abend im Lincoln Arms einquartieren. Sie sollen 'ne Kartenrunde zusammentrommeln. Das ist dort an der Tagesordnung. Morgen abend um sieben krieg' ich den Anruf, wo ich das Geld deponieren soll. Sie wissen, daß ich' erst übergebe, wenn ich mit Willy gesprochen hab'. Sie dürfen ihn nicht rausschaffen, deshalb möchte ich, daß Maeves Leute die Ausgänge sichern. Das ist unsere einzige Chance.«

Cordelia starrte finster ins Leere und sagte dann: »Willy hat mir immer geraten, ich soll mich auf deinen sechsten Sinn verlassen, Alvirah. Ich denke, das sollte ich jetzt wohl besser tun.«

Das chinesische Mahl bot eine willkommene Abwechslung. Nach dem Essen wurde Willy von Clarence ins Bad beordert, um dort das lästige Tropfen zu beseitigen. Sammy begleitete ihn. Willy sank der Mut, als Sammy sagte: »Ich hab' keinen Schimmer, wie man so was repariert, aber ich weiß, wie man's nicht macht, also keine krummen Touren.«

Mein großartiger Plan wäre damit ja im Eimer, dachte Willy. Na ja, vielleicht kann ich's so lange rausziehen, bis mir was anderes einfällt. Er begann am Boden des Behälters den in Jahren angesetzten Rost wegzustemmen.

Um zwanzig vor vier stellte Alvirah den Koffer mit ihrer letzten Bankabhebung ab; es blieb kaum noch Zeit, zur Hafenbehörde zu rasen, sich umzuziehen und sich zur Arbeit zu melden. Auf dem Weg durch die Halle vom Lincoln Arms bemerkte sie eine Nonne in Ordenstracht mit ausgesprochen liebem Gesicht. Mit einem Korb in der Hand machte sie geräuschlos die Runde bei den Bargästen. Jeder warf etwas hinein. In der Küche erkundigte sich Alvirah bei Hank nach der Nonne.

»Ach die. Ja. Die läßt's den Kindern in der Gegend zukommen. Für jeden 'n gutes Gefühl, wenn er ihr 'nen

Dollar oder auch zwei hinwirft. Irgendwie erhebend, du weißt schon.«

An diesem Abend liefen die Bestellungen nicht so flott wie letzte Nacht. Alvirah schlug Hank vor, die alten Bestellzettel in der Schachtel zu sortieren.

»Warum?« Hank machte ein erstauntes Gesicht.

Alvirah zupfte an ihrem Sweatshirt. Es trug die Aufschrift ICH HAB DIE NACHT MIT BURT REYNOLDS VERBRACHT; Willy hatte es aus Jux gekauft, als sie das Reynolds Theater in Florida besuchten. Warum sollte jemand wertlose Zettel sortieren? »Man kann nie wissen«, flüsterte sie.

Die Antwort schien Hank zu genügen.

Die bereits sortierten Zettel ließ sie unter dem Haufen verschwinden, den sie auf den Tisch kippte. Sie wußte bereits, wonach sie suchte. Bestellungen, die seit Montag in gleichbleibender Größenordnung erfolgt waren. Es blieben dieselben vier Zimmer, die sie schon zu Hause in die engere Wahl gezogen hatte.

Um sechs wurde der Betrieb plötzlich lebhaft. Um halb neun hatte sie drei von den vier in Frage kommenden Zimmern beliefert. Zwei waren von den unentwegten Kartenspielern okkupiert. Im dritten wurde jetzt gewürfelt. Sie mußte zugeben, daß die Beteiligten alle nicht wie Kidnapper aussahen. Vom Zimmer 802 kam keine telefonische Bestellung. Vielleicht war der Typ mit den gräßlichen Kopfschmerzen samt Bruder ausgezogen. Als Alvirah um Mitternacht entmutigt gehen wollte, brummelte Hank: »Mit dir klappt die Arbeit prima. Der Typ von der Tagesschicht geht, und die lassen 'nen Jungen einspringen, der vermasselt jede Bestellung.«

Mit einem stummen Dankgebet erbot sich Alvirah unverzüglich, die Frühschicht von sieben bis eins zu übernehmen, zusätzlich zu ihrer üblichen von vier bis zwölf. Dann könnte sie trotzdem noch zu den Banken rasen, die ihr das Geld zwischen Viertel nach zwölf und drei Uhr zugesagt hatten.

»Bin um sieben wieder hier«, versprach sie.

»Ich dito«, jammerte er. »Der Koch von der Tagesschicht haut auch ab.«

Im Hinausgehen bemerkte Alvirah ein paar bekannte Gesichter an der Bar. Louie, der sieben Jahre wegen Bankraub gesessen hatte und Träger des schwarzen Karategürtels war; Al, früher Leibwächter bei einem Pfandleiher und vier Jahre im Knast wegen tätlicher Beleidigung; Lefty, spezialisiert auf gestohlene Autos.

Die drei hatten sie bestimmt gesehen, hielten sich jedoch an die Spielregeln und ließen sich nicht das geringste anmerken.

Willy brachte das Tropfen auf den ursprünglichen Störeffekt zurück, als ihm Clarence gereizt zubrüllte, er solle gefälligst das Hämmern einstellen. »Mit der Lautstärke kann ich's noch mal vierundzwanzig Stunden aushalten.«

Und was dann, fragte sich Willy. Es gab eine Hoffnung. Sammy ödete es an, ihn zu überwachen, während er am Wasserbehälter herumfummelte. Tags darauf würde er das lässiger handhaben. Nachts stellte Willy sicher, daß seine Dienste auch weiterhin benötigt würden, indem er das Tropfen wieder verstärkte.

Am nächsten Morgen glänzten Sammys Augen fiebrig. Tony schwadronierte von einer alten Freundin, die er aufsuchen wolle, sobald sie das Versteck in Queens bezogen hatten, und keiner verbot ihm den Mund. Also macht's ihnen nichts aus, daß ich zuhöre, dachte Willy.

Als das Frühstück gebracht wurde, fuhr der sicher im Schrank verstaute Willy so jählings hoch, daß Sammys Kanone um ein Haar losgeballert hätte. Er hörte nicht nur einen Tonfall, der ihn an Alvirah erinnerte, sondern ihre unverwechselbare Stimme, die sich erkundigte, ob die Kopfschmerzen des Bruders sich gebessert hätten.

Perplex zischte Sammy ihm ins Ohr: »Bist wohl plemplem?«

Alvirah suchte nach ihm. Willy mußte ihr dabei helfen, sich im Badezimmer wieder am Wasserbehälter zu schaffen machen und mit dem Schraubenschlüssel den Takt der Melodie angeben, nach der er damals, vor über vierzig Jahren, zum erstenmal mit Alvirah getanzt hatte.

Vier Stunden später erhielt er seine Chance, als er, Schraubenschlüssel und Schraubenzieher in der Hand, den zappeligen Sammy neben sich, dem wütenden Befehl von Clarence gehorchte und sich wieder der Aufgabe widmete, zu reparieren und gleichzeitig zu sabotieren.

Er hütete sich, die Sache zu übertreiben, setzte dem protestierenden Sammy plausibel auseinander, daß er doch gar nicht so viel Krach mache und man sich hier bestimmt freuen würde, wenigstens eine ordentliche Toilette zu haben. Er kratzte sich den vier Tage alten Bartwuchs, genierte sich heftig in den zerknitternten Sachen und begann, im Abstand von drei Minuten musikalische Signale auszusenden.

Alvirah hörte sie, als sie in Zimmer 702 Pizzas ablieferte. Dieses Klopfen. Sie bekam weiche Knie und stellte das Tablett auf die schiefe Tischplatte. Der Bewohner des Zimmers, ein gutaussehender Dreißiger, war von einer Sauftour zurückgekehrt. Er zeigte zur Decke.

»Macht Sie das denn nicht auch wahnsinnig? Die renovieren wohl oder so was.«

»Muß in 802 sein«, entschied Alvirah im Gedanken an den Typ auf dem Bett, den Türsteher, das offene Badezimmer. Sie müssen Willy in den Schrank stecken, wenn sie was beim Zimmerservice bestellen. Obwohl ihr Herz unter dem Sweatshirt mit der Aufschrift SEI KEIN UMWELTSÜNDER hämmerte, nahm sie sich die Zeit, den Säufer zu warnen, daß noch mehr Alkohol sein Verderben wäre.

Im Korridor neben der Bar war ein Telefon. Alvirah rief rasch bei Cordelia an und hoffte nur, daß der Portier sie nicht beobachtete. »Um sieben werden sie mich anrufen«, schloß sie.

Um Viertel vor sieben erstarrten die Gäste in der Bar von Lincoln Arms Hotel vor Ehrfurcht beim Anblick von acht zumeist älteren Nonnen in langen Ordensgewändern mit Schleier und Brusttuch, die beim Betreten der Halle leise ein Kirchenlied summten. Der Portier sprang auf und zeigte unmißverständlich auf die Drehtür hinter ihnen. Alvirah, das Tablett auf den Armen, beobachtete Maeve, die als Wortführerin den Portier von oben herab musterte.

»Wir haben die Genehmigung des Eigentümers, in jedem Stockwerk zu singen und um Spenden zu bitten«, teilte sie ihm mit.

»Erzählen Sie keine Märchen.«

Sie flüsterte gedämpft: »Wir haben die Genehmigung von Mr….«

Er erblaßte. »Ihr haltet jetzt gefälligst die Klappe und holt die Piepen raus«, brüllte er zu den Bargästen hinüber. »Die Schwestern hier singen jetzt Lieder für euch.«

»Nein, wir fangen oben an«, korrigierte ihn Maeve. »Wir beenden das Konzert hier.«

Alvirah bildete die schützende Nachhut, als die Non-nenschar unter Führung von Cordelia singend den Fahrstuhl betrat.

Sie fuhren geradewegs in den achten Stock und ver-sammelten sich im Korridor, wo Lefty, Al und Louie bereits warteten. Um Punkt sieben klopfte Alvirah an die Tür. »Zimmerservice«, rief sie.

»Wir haben nichts bestellt«, knurrte eine Stimme.

»Doch, irgend jemand war's und ich muß kassieren«, beharrte sie lautstark.

Sie hörte Schlurfen. Eine Tür schlug zu. Der Schrank. Sie versteckten Willy. Die Zimmertür öffnete sich einen Spalt breit. Ein nervöser Tony gab Anweisungen: »Las-sen Sie das Tablett draußen. Wieviel?«

Alvirah klemmte den Fuß fest zwischen die Tür, als fromme Klänge im Korridor erschallten. Die ältesten Nonnen tauchten hinter Alvirah auf. Clarence hatte das Telefon in der Hand. »Ruhe da draußen«, schrie er.

»He, so redet man doch nicht mit den Schwestern«, protestierte Tony. Er trat ehrerbietig beiseite, um sie Einzug halten zu lassen.

Schwester Maeve bildete die Nachhut, die Hände in den weiten Ärmeln ihres Gewandes gefaltet. Blitz-schnell postierte sie sich im Rücken von Clarence, zog die Rechte mit einem Ruck heraus und hielt ihm die Waffe an die Schläfe. In dem knappen, entschiedenen Ton, der sie als Polizistin ausgezeichnet hatte, flüsterte sie: »Keine Bewegung, ober ich schieße.«

Tony öffnete den Mund zum Warnschrei, der jedoch von etlichen lauten Hallelujas erstickt wurde, während Louie ihn mit Karateschlägen bewußtlos machte. Da-nach brachte er Clarence mit einem gezielten Hieb ins Genick zum Schweigen, der ihn neben Tony zu Boden gehen ließ.

Lefty und Al scheuchten die zögernde Schwester Cordelia mitsamt ihrer betagten Gefolgschaft auf den sicheren Korridor. Höchste Zeit, Willy zu retten. Louies Hand holte zum Schlag aus. Schwester Maeve zielte mit der Waffe. Alvirah riß die Schranktür auf, während sie lauthals brüllte: »Zimmerservice.«

Sammy stand neben Willy, bohrte ihm die Kanone ins Genick.

»Raus mit euch«, fauchte er. »Lassen Sie die Waffe fallen, Lady.«

Maeve zögerte, gehorchte dann.

Sammy entsicherte den Revolver.

Er sitzt in der Falle, und er ist verzweifelt, dachte Alvirah in panischer Aufregung. Er wird meinen Willy umbringen. Sie zwang sich zu einem ruhigen Ton. »Ich hab' vor dem Hotel einen Wagen stehen«, sagte sie zu ihm. »Da sind zwei Millionen Dollar drin. Nehmen Sie Willy und mich mit. Sie können das Geld überprüfen, wegfahren und uns dann irgendwo rauslassen.« Sie wandte sich an Louie und Maeve: »Versucht ja nicht, uns aufzuhalten, damit er Willy nichts tut. Raus mit euch!« Sie hielt den Atem an und fixierte Willys Aufseher, zwang sich, ihrer Sache sicher zu erscheinen.

Sammy zögerte kurz. Alvirah sah, wie er seine Waffe auf die Tür richtete. »Dort geht's besser«, fuhr er sie an. »Bind ihm die Füße los, Lady.«

Gehorsam kniete sie sich hin und zerrte an den Knoten. Als sie den letzten löste, blickte sie kurz auf. Die Waffe war immer noch auf die Tür gerichtet. Alvirah erinnerte sich, wie sie immer die Schulter unter das Klavier von Mrs. O'Keefe geschoben und es hochgewuchtet hatte, um den Teppich glattzuziehen. Eins, zwei, drei. Sie schnellte in die Höhe wie ein Pfeil, rammte ihre Schulter in Sammys Rechte. Als er die

Waffe fallen ließ, drückte er ab. Die Kugel ließ Farbbrocken aus der abblätternden Decke spritzen.

Willy nahm mit seinen gefesselten Händen Sammy in die Zange und umarmte ihn stürmisch, bis die anderen zurückgerannt kamen.

Wie im Traum schaute Alvirah zu, als Lefty, Al und Louie ihren Willy von sämtlichen Stricken befreiten und dann die Entführer fest verschnürten. Sie hörte, wie Maeve die 911 wählte und sagte: »Officer Maeve O'Reilly, ich meine... Schwester Maeve Marie meldet einen Fall von Kidnapping, Mordversuch sowie Festnahme der Täter.«

Alvirah fühlte Willys Arme, die sie umschlossen. »He, Schatz«, flüsterte er.

Vor lauter Freude brachte sie kein Wort über die Lippen. Sie blickten sich nur an. Sie betrachtete seine blutunterlaufenen Augen, die Bartstoppeln, das glanzlose Haar. Er musterte ihr grelles Make-up und das Sweatshirt mit der albernen Aufschrift. »Du bist einfach großartig, Liebling«, erklärte er begeistert. »Tut mir leid, daß ich aussehe wie einer von den Smith Brothers.«

Alvirah rieb ihre Wange an seiner. Die Tränen der Erleichterung, die ihr in die Kehle stiegen, waren wie weggeblasen, als sie zu lachen begann. »Ach, Schätzchen«, rief sie, »für mich wirst du immer wie Tip O'Neill aussehen.«

Die Leiche
im Schrank

Wenn Alvirah Meehan an jenem Augustabend gewußt hätte, was sie in ihrer neuen Luxuswohnung in Central Park South erwartete, wäre sie niemals aus dem Flugzeug ausgestiegen. Doch diesmal gab ihr die bewährte innere Stimme auch nicht das leiseste Alarmsignal.

Auch wenn sie und Willy nach dem Lotteriegewinn das Reisefieber gepackt hatte, kehrte Alvirah immer gern nach New York zurück. Die Wolkenkratzer, deren Umrisse sich gegen die Wolken abhoben, und die Lichter der Brücke, die den East River überspannte, boten einen herzerwärmenden Anblick.

Willy tätschelte ihre Hand, und Alvirah drehte sich liebevoll lächelnd zu ihm um. Er sieht einfach fabelhaft aus in der neuen blauen Leinenjacke, die genau zu seiner Augenfarbe paßt, dachte sie. Mit diesen Augen und dem dichten weißen Haarschopf konnte Willy ohne weiteres als Doppelgänger von Tip O'Neill passieren.

Alvirah strich das rotbraune Haar glatt, das Dale in London kürzlich getönt und gestylt hatte. Als Dale hörte, das Alvirah sechzig war, rang er nach Luft. »Sie machen Witze«, stammelte er.

An ihrem Revers funkelte die rosettenförmige Anstecknadel mit dem eingebauten Mikrofon. Damit zeichnete Alvirah Gespräche auf, die sie für ihre Arbeit im *New York Globe* gebrauchen konnte. »Diese Reise war wundervoll«, bemerkte sie, »aber kein Erlebnis, über das ich schreiben könnte. Die Story, wie die Queen zum

Tee im Stafford Court Hotel erschien und die Katze des Direktors auf ihre Corgis losging, mußte ja schon als Knüller herhalten.«

»Ich bin richtig froh, daß wir 'nen hübschen, ruhigen Urlaub hatten«, entgegnete Willy. »Von der Sorte, wo du unbedingt Verbrechen aufklären mußt und dabei beinahe abgemurkst wirst, kann ich nicht mehr viel verkraften.«

Die Stewardeß von British Airways kontrollierte auf ihrem Rundgang durch die Erster-Klasse-Kabine, ob sich die Passagiere angeschnallt hatten. »Ich hab' mich wirklich gern mit Ihnen unterhalten«, erklärte sie. Willy hatte erzählt, daß er Klempner und Alvirah Putzfrau gewesen waren, bevor sie in der Lotterie vierzig Millionen gewannen. »Meine Güte«, sagte sie jetzt zu Alvirah, »ich kann's einfach nicht glauben, daß Sie mal Reinemachefrau waren.«

Erfreulich bald nach der Landung saßen sie in einem Taxi, ihr Gepäck, ein exklusives Set von Vuitton, stapelte sich im Kofferraum. New York war heiß, schwül und stickig, wie immer im August. Das Taxi glich einer Sauna, und Alvirah sehnte den Augenblick herbei, in dem sie die neue Wohnung in Central Park South betreten konnte, wo es natürlich herrlich kühl war. Ihre alte Dreizimmerwohnung in Flushing wollten sie beibehalten, immerhin hatten sie dort dreißig Jahre gelebt, bevor der Lotteriegewinn alles veränderte. Man könnte ja nie wissen, argumentierte Willy, ob New York nicht eines Tages pleite gehen und den Gewinnern mitteilen würde, sie sollten die restlichen Schecks in den Wind schreiben. Für den Fall der Fälle behielten sie die Wohnung bei und einen Notgroschen in der Citizens of Flushing Bank.

Als das Taxi vor dem Wohnhaus hielt, öffnete ihnen

der Pförtner, in Rot und Gold mit wuchtigen schwarzen Pelzhut, die Tür. »Sie müssen ja zerfließen«, meinte Alvirah. »Man fragt sich, wozu die Sie so ausstaffieren, bevor sie mit den Renovierungen fertig sind.«

Das Gebäude wurde einer kompletten Instandsetzung unterzogen. Als sie die Wohnung im Frühjahr kauften, hatten ihnen der Immobilienmakler versichert, die Renovierung wäre innerhalb von Wochen abgeschlossen. Die Gerüste in der Halle widerlegten diesen ungezügelten Optimismus eindeutig.

Vor den Fahrstühlen trafen sie auf ein Ehepaar, einen hochgewachsenen Fünfziger und eine schlanke Frau im weißseidenen Abendkostüm; sie macht ein Gesicht wie jemand, dem beim Öffnen des Kühlschranks der Geruch nach faulen Eiern in die Nase steigt, fand Alvirah. Die beiden kenne ich doch, dachte sie und begann ihr phänomenales Gedächtnis zu durchforschen. Er war Carleton Rumson, der legendäre Broadway-Produzent, und sie seine Frau Victoria, eine ehemalige Schauspielerin, vor dreißig Jahren Zweite bei der Wahl zur Miss America.

»Mr. Rumson!« Mit einem Lächeln, das ihre etwas vorspringende, scharfe Kinnpartie weicher machte, streckte sie ihm die Hand entgegen. »Ich bin Alvirah Meehan. Wir haben uns in Cypress Point Spa in Pebble Beach kennengelernt. Was für eine nette Überraschung! Das ist mein Mann, Willy. Wohnen Sie hier?«

Rumson lächelte dünn. »Wir unterhalten eine Zweitwohnung für den Bedarfsfall.« Er nickte Willy zu, stellte dann widerwillig seine Frau vor. Die Fahrstuhltür öffnete sich, als Victoria Rumson sie mit einem Lidzucken zur Kenntnis nahm.

Kalt wie 'ne Hundeschnauze, dachte Alvirah, während sie das makellose, wenngleich hochmütige Profil

registrierte, das hellblonde, zu einem straffen Nackenknoten gesteckte Haar. Die langjährige Lektüre von
People, US, National Enquirer und Klatschspalten hatte
Alvirah zur unerschöpflichen Informationsquelle über
die Reichen und Berühmten programmiert.

Sie hielten gerade im vierunddreißigsten Stock, als
Alvirah intime Details zu Rumson einfielen. Er war als
Casanova berühmt. Das Geschick, mit dem seine Frau
seine Eskapaden übersah, hatte ihr den Spitznamen
»einäugige Vicky« eingetragen.

»Mr. Rumson«, begann Alvirah, »Willys Neffe, Brian
McCormack, ist ein fabelhafter Dramatiker. Er hat gerade sein zweites Stück fertig. Ich würde es Ihnen zu
gern zu lesen geben.«

Rumson blickte verärgert drein. »Mein Büro steht im
Telefonbuch«, sagte er.

»Brians erstes Stück läuft zur Zeit Off-Broadway.«
Alvirah ließ nicht locker. »Ein Kritiker hat geschrieben,
er wär'n junger Neil Simon.«

»Komm schon, Schatz«, drängte Willy. »Du hältst die
Leute auf.«

Plötzlich schmolz die eisige Starre in Victoria Rumsons Gesicht dahin. »Darling«, sagte sie, »ich hab schon
von Brian McCormack gehört. Warum liest du das
Stück denn nicht hier? Wenn die dir's ins Büro schicken
läßt, geht's doch bloß unter.«

»Das ist wirklich nett von Ihnen, Victoria«, entgegnete Alvirah herzlich. »Morgen kriegen Sie's.«

Auf dem Weg vom Fahrstuhl zur Wohnung fragte
Willy: »Meinst du nicht, Schätzchen, daß du'n bißchen
zu stark auf die Tube gedrückt hast?«

»Keine Spur«, erwiderte Alvirah. »Wer nicht wagt,
der nicht gewinnt. Wenn ich Brian bei seiner Karriere
helfen kann, ist mir jedes Mittel recht.«

Ihre Wohnung bot einen umfassenden Blick auf den Central Park. Beim Hereinkommen dachte Alvirah jedesmal daran, daß sie noch vor nicht allzu langer Zeit das Haus von Mrs. Chester Lollop in Little Neck, bei der sie jeden Donnerstag putzte, für ein Schlößchen gehalten hatte. Die letzten paar Jahre hatten ihr erst richtig die Augen geöffnet!

Sie hatten die Wohnung komplett möbliert von einem Börsenmakler erworben, der wegen irgendwelcher Manipulationen unter Anklage stand. Er hatte sie gerade von einem Designer einrichten lassen, dem absoluten Hit in Manhattan, wie er ihnen versicherte. Insgeheim bezweifelte Alvirah das mittlerweile ernsthaft. Wohnzimmer, Eßzimmer und Küche waren ganz in Weiß gehalten. Es gab niedrige weiße Sofas, aus denen sie sich hochwuchten mußte, dicke weiße Teppiche, auf denen der kleinste Fleck zu sehen war, weiße Tische und Schränke und Marmor und Geräte.

An der Terrassentür klebte ein großes gedrucktes Schild.

Eine Gebäudeinspektion hat ergeben, daß diese Wohnung zu den wenigen gehört, bei denen an Geländer sowie Einfassung der Terrasse bedenkliche Konstruktionsmängel festgestellt wurden. Ihre Terrasse kann ohne jedes Risiko normal genutzt werden, doch vermeiden Sie es, sich auf das Geländer zu stützen oder dies anderen zu gestatten. Die Reparaturarbeiten werden so schnell wie möglich ausgeführt.

Alvirah zuckte die Achseln. »So schlau bin in ja nun von allein, mich auf kein Geländer zu stützen, Risiko hin oder her.«

Willy lächelte verzagt. Er litt unter einer heillosen Höhenangst und hatte die Terrasse noch nie betreten. Beim Kauf der Wohnung hatte er erklärt: »Du magst 'ne Terrasse. Ich hab' gern festen Boden unter den Füßen.«

Willy ging in die Küche, um den Kessel aufzusetzen. Alvirah öffnete die Terrassentür und trat hinaus. Die schwüle Luft schlug ihr glühend heiß ins Gesicht, doch das machte ihr nichts aus. Es hatte seinen besonderen Reiz, da draußen zu stehen, über den Park hinweg auf die festlich leuchtenden geschmückten Bäume um die *Tavern on the Green* zu schauen, die endlose Kette der Autoscheinwerfer, die Pferdekutschen im Hintergrund.

Wie gut, daß wir wieder daheim sind, dachte sie abermals, als sie hineinging und das Wohnzimmer inspizierte, mit sachkundigem Blick den Wirkungsgrad des wöchentlichen Reinigungsdienstes einschätzte, der am Vortag fällig gewesen wäre. Zu ihrem Erstaunen entdeckte sie auf der Glasplatte des Couchtisches überall Fingerspuren. Automatisch griff sie nach einem Taschentuch und rubbelte sie weg. Dann stellte sie fest, daß neben der Terrassentür die Vorhangschlaufe verschwunden war. Hoffentlich ist sie nicht im Staubsauger gelandet, dachte sie. Wenigstens war *ich* eine gute Putzfrau. Sie erinnerte sich an die Worte der Stewardeß im Flugzeug.

»He, Alvirah«, rief Willy. »Hat Brian 'ne Nachricht hinterlassen? Sieht so aus, als hätte er jemanden erwartet.«

Brian, Willys Neffe, war das einzige Kind seiner ältesten Schwester, Madelaine. Von Willys sieben Schwestern waren sechs ins Kloster gegangen. Madelaine hatte als Vierzigerin geheiratet und in den Wechseljahren noch ein Baby zur Welt gebracht, Brian, inzwischen sechsundzwanzig. Er war in Nebraska aufgewachsen, hatte für eine dortige Repertoirebühne Stücke geschrieben und war nach New York gekommen, als Madelaine vor zwei Jahren starb. Brian mit seinem mageren, empfindsamen Gesicht, dem widerspenstigen rotblonden

Haar und dem scheuen Lächeln weckte in Alvirah all ihre unverbrauchten mütterlichen Instinkte. »Mehr könnte ich ihn auch nicht lieben, wenn ich ihn neun Monate unter dem Herzen getragen hätte«, sagte sie oft zu Willy.

Als sie im Juni nach England abflogen, hatte Brian gerade den ersten Entwurf für sein neues Stück fertig und hatte ihr Angebot, ihm den Wohnungsschlüssel zu überlassen, mit Freuden akzeptiert. »Dort schreibt sich's viel leichter als hier in meiner Bude«, bemerkte er dankbar. Er wohnte in einem Mietshaus ohne Fahrstuhl, mit lauter geräuschvollen Familien als Nachbarn.

Alvirah ging in die Küche, blickte sich um. Zwei Champagnergläser und eine Flasche Champagner in einem Weinkühler standen auf einem silbernen Tablett. Der Champagner, ein Geschenk des Maklers, der den Wohnungskauf gehandhabt hatte, kostete fünfhundert Dollar je Flasche und gehörte zu den Lieblingssorten der Queen, wie er mehrfach betonte.

Willy wirkte beunruhigt. »Das ist doch dieses sündteure Gesöff, stimmt's? An so was geht Brian nicht ran, ausgeschlossen. Da ist irgendwas nicht koscher.« Alvirah wollte ihn beschwichtigen, unterließ es dann doch. Irgend etwas stimmte nicht, und ihr Riecher sagte ihr, daß sich Ärger zusammenbraute.

Die Türglocke läutete. Ein reumütiger Gepäckträger brachte ihre Koffer. »Entschuldigung, daß es so lange gedauert hat, Mr. Meehan. Seit die Umbauten im Gange sind, benutzen so viele Bewohner den Lastenaufzug, daß die Angestellten Schlange stehen müssen.« Auf Willys Bitte brachte er das Gepäck ins Schlafzimmer, verabschiedete sich dann lächelnd, die Fünfdollarnote in der geschlossenen Hand.

Willy und Alvirah saßen in der Küche bei einer

Kanne Tee. Willy starrte unverwandt auf den Champagner. »Ich ruf' mal bei Brian an«, entschied er.

»Der wird noch im Theater sein«, meinte Alvirah, schloß die Augen, konzentrierte sich und gab ihm die Nummer der Kasse.

Willy wählte, lauschte, legte dann auf. »Da läuft eine Tonbanddurchsage«, erklärte er. »Brians Stück ist abgesetzt. Sie geben bekannt, wie man die Rückerstattung für die Billetts kriegt.«

»Der arme Junge«, flüsterte Alvirah. »Versuch's mal in seiner Wohnung.«

»Nur der Anrufbeantworter«, verkündete er gleich darauf. »Ich hinterlasse ihm 'ne Nachricht.«

Alvirah merkte plötzlich, wie erschöpft sie war. Beim Abräumen machte sie sich klar, daß es fünf Uhr früh, englischer Zeit, war, sie also ein Recht darauf hatte, ihre sämtlichen Knochen schmerzhaft zu spüren. Sie stellte die Teetassen in den Geschirrspüler, zögerte, spülte dann die unbenutzten Champagnergläser aus und deponierte sie ebenfalls in der Maschine. Ihre Freundin, die Baronin Min von Schreiber – ihr gehörte Cypress Point Spa, wohin Alvirah sich nach dem Lotteriegewinn zwecks gründlicher Regeneration begeben hatte –, pflegte ihr einzuschärfen, daß man teure Weine nicht stehend aufbewahren dürfe. Mit einem feuchten Schwamm rieb sie die ungeöffnete Flasche kräftig ab, ebenso das silberne Tablett und den Weinkühler und verstaute alles. Sie löschte das Licht und ging ins Schlafzimmer.

Willy hatte angefangen auszupacken. Alvirah mochte das Schlafzimmer, das für den Börsenmakler, einen Junggesellen, eingerichtet worden war: ein überbreites Bett, ein dreiteiliger Toilettentisch, geräumige Nachttische, auf denen man Bücher, Lesebrillen und Salben für

Alvirahs rheumatische Knie unterbringen konnte, und bequeme Sessel am Fenster. Das Dekor jedoch bestärkte sie in der Überzeugung, daß der Designer seine Berufung zum Trendsetter prägenden Kindheitseindrücken in der Arktis verdanken mußte. Weiße Bettdecke. Weiße Vorhänge. Weißer Teppich.

Der Gepäckträger hatte Alvirahs Kleidersack auf dem Bett deponiert. Sie öffnete ihn und begann die Kostüme und Kleider herauszunehmen. Baronin von Schreiber flehte sie ständig an, ja nicht allein einkaufen zu gehen. »Du bist das geborene Opfer für Verkäuferinnen, die Anweisung haben, die Fehlgriffe des Einkäufers loszuschlagen, Alvirah«, argumentierte Min. »Sie wittern dein Kommen, während du noch im Fahrstuhl bist. Ich bin oft genug in New York. Du besuchst Cypress Point Spa mehrmals im Jahr. Ich werde mit dir einkaufen gehen.«

Alvirah fragte sich, ob Min das Schottenkostüm in Orange und Pink gutheißen würde, von dem die Verkäuferin bei Harrod's so geschwärmt hatte. Mit Sicherheit nicht…

Die Arme voller Kleider, öffnete sie die Tür zum Wandschrank, blickte nach unten und stieß einen Schrei aus. Auf dem Teppichboden, zwischen Alvirahs aufgereihten Maßschuhen, Größe 42, extra weit, lag die Leiche einer schlanken jungen Frau: starrende grüne Augen, von blonden Locken umrahmtes Gesicht, Zunge ein wenig herausgestreckt und um den Hals die fehlende Vorhangschlaufe.

»Großer Gott!« ächzte Alvirah, als ihr die Kleider aus den Armen fielen.

»Was ist denn los, Schatz?« erkundigte sich Willy, der zu ihr eilte. »Ach, du lieber Himmel«, flüsterte er. »Wer zum Teufel ist das?«

»Es ist… Es ist… du weißt schon. Die Schauspielerin. Die Hauptdarstellerin in Brians Stück. Von der er so begeistert ist.« Alvirah kniff die Augen zu, erleichtert, nicht in das starre, wächserne Gesicht der Leiche zu ihren Füßen sehen zu müssen. »Fiona ist das. Fiona Winters.«

Willy führte Alvirah sicher zu der niedrigen Couch im Wohnzimmer, auf der sie immer glaubte, ihre Knie müßten sich gleich ins Kinn bohren. Als er die Nummer 911 wählte, zwang sie sich, klar zu denken. Man brauchte keine Leuchte zu sein, um zu wissen, daß diese Sache sehr übel für Brian aussehen könnte, ich muß also mein Gedächtnis anstrengen, mich möglichst an alles erinnern, was ich von dem Mädchen weiß. Sie war so gemein zu Brian. Hatten sie Streit?

Willy durchquerte das Zimmer, setzte sich neben sie, ergriff ihre Hand. »Es kommt alles in Ordnung, Schatz«, tröstete er sie. »Die Polizei ist in ein paar Minuten hier.«

»Ruf doch mal bei Brian an«, meinte Alvirah.

»Gute Idee.« Willy wählte rasch die Nummer. »Bloß wieder das verdammte Ding. Ich hinterlasse noch 'ne Nachricht. Ruh dich 'n bißchen aus.«

Alvirah nickte, schloß die Augen und konzentrierte sich sofort auf den Abend im vergangenen April, als Brians Stück Premiere hatte.

Das Theater war gerappelt voll. Brian verschaffte ihnen Plätze in der ersten Reihe, Mitte, und Alvirah trug ihr neues Kleid, schwarz und silbern, mit Ziermünzen benäht. Das Stück, *Gratwanderungen*, spielte in Nebraska und handelte von einem Familientreffen. Fiona Winters spielte die Vertreterin der Schickeria, die ihre unbedarfte angeheiratete Verwandtschaft unsäglich anödet, und das sehr glaubhaft, wie Alvirah zugeben mußte. Die Darstellerin der zweiten Hauptrolle gefiel ihr wesentlich besser. Emmy Laker hatte leuchtend rotes Haar, blaue Augen und lieferte mit einer Mischung aus Komik und Nachdenklichkeit eine perfekte Charakterstudie.

Die Darsteller erhielten stehende Ovationen, und Alvirah platzte fast vor Stolz, als der Ruf nach dem Autor ertönte und Brian auf die Bühne kam. Ihm wurde ein Blumenstrauß überreicht, er beugte sich über die Rampe und gab ihn weiter an Alvirah, die zu weinen begann.

Die Premierenfeier fand im Obergeschoß von Gallagher's Steak House statt. Brian plazierte Alvirah und Fiona Winters neben sich. Willy und Emmy Laker saßen gegenüber. Alvirah brauchte nicht lange, um die Lage zu peilen. Brian wachte über Fiona Winters wie ein liebeskranker Vollidiot. Sie strafte ihn mit Verachtung und ließ die anderen wissen, daß sie aus allerbesten Kreisen stammte: »Die Familie war entsetzt, als ich nach Foxcroft beschloß, zum Theater zu gehen.« Dann eröffnete sie Willy und Brian, die sich gerade an einer gemischten Bratenplatte, einer Spezialität des Hauses, delektierten, daß sie zur Risikogruppe der vom Herzinfarkt Bedrohten gehörten. Sie selber esse kein Fleisch.

Die hat jeden von uns in die Pfanne gehauen, erinnerte sich Alvirah. Mich fragte sie, ob ich die Putzarbeit vermisse. Dann erklärte sie mir, daß Brian unbedingt lernen müsse, sich anzuziehen, sie wunderte sich, daß wir mit unserem Einkommen ihm da nicht unter die Arme griffen. Und als diese reizende Emmy Laker meinte, Brian habe über wichtigere Dinge nachzudenken als über seine Garderobe, fuhr sie ihr heftig über den Mund.

Auf dem Heimweg war sie sich mit Willy völlig einig, daß Brian noch viel lernen müsse, wenn er nicht merkte, was für eine miese Type Fiona war. »Ich hätt's gern, wenn er mit Emmy Laker zusammen wär'«, hatte Willy verkündet. »Wenn er den Verstand, den er mitbekommen hat, benutzen würde, dann wüßte er, daß sie ganz versessen auf ihn ist. Und daß Fiona kein unbeschriebenes Blatt ist. Sie muß gut und gern acht Jahre älter sein als er.«

Es läutete Sturm. Du lieber Himmel, dachte Alvirah, wenn ich doch nur eine Chance hätte, mit Brian zu reden.

Die nächsten Stunden verstrichen, blieben irgendwie nebelhaft. Als ihr Kopf etwas klarer wurde, merkte Alvirah, daß sie die verschiedenen Sparten von Gesetzeshütern, die in der Wohnung herumwimmelten, sehr wohl auseinanderzuhalten vermochte. Da waren zunächst die Polizisten in Uniform. Dann Kriminalbeamte, Fotografen, Leichenbeschauer. Sie und Willy saßen stumm nebeneinander und beobachteten alles.

Ihre Aussagen hatten die ersten beiden Polizisten aufgenommen. Um drei Uhr früh öffnete sich die Schlafzimmertür. »Schau nicht hin, Schatz«, sagte Willy. Doch Alvirah konnte den Blick nicht von der Tragbahre wenden, die zwei Männer mit düsterem Gesicht herausbrachten. Wenigstens war der Körper von Fiona Winters zugedeckt. Ruhe in Frieden, betete Alvirah, als sie das zerzauste blonde Haar und die hervorstehenden Lippen wiedersah. Sie war kein angenehmer Mensch, dachte sie, aber den Tod hat sie bestimmt nicht verdient.

Jemand ließ sich ihnen gegenüber nieder, ein langbeiniger Vierziger, der sich als Detective Mr. Rooney vorstellte. »Ich habe Ihre Artikel im *Globe* gelesen, Mrs. Meehan, und zwar mit dem größten Vergnügen«, sagte er zu Alvirah.

Willy lächelte verständnisvoll, doch Alvirah ließ sich nicht hinters Licht führen. Sie wußte, daß Mr. Rooney ihr Honig ums Maul schmierte, um ihr Vertrauen zu gewinnen. Sie suchte fieberhaft nach Möglichkeiten, Brian zu schützen. Automatisch schaltete sie das Mikrofon in der rosettenförmigen Anstecknadel ein. So konnte sie später alles Gesagte noch einmal durchgehen.

Rooney zog seine Notizen zu Rate. »Wie Sie zuvor ausgesagt haben, sind Sie gerade erst von einem Auslandsurlaub zurückgekehrt und gegen 11 Uhr eingetroffen. Kurz darauf fanden Sie das Opfer, Fiona Winters. Sie erkannten Miss Winters, weil sie in dem Stück ihres Neffen, Brian McCormack, die Hauptrolle spielte.«

Alvirah nickte. Sie merkte, daß Willy etwas sagen wollte, und legte ihm warnend die Hand auf den Arm. »Das ist richtig.«

»Soviel ich verstanden habe, sind Sie Miss Winters nur einmal persönlich begegnet«, fuhr Rooney fort. »Wie erklären Sie es sich, daß sie in Ihrem Wandschrank ihr Ende fand?«

»Keine Ahnung«, entgegnete Alvirah.

»Wer hatte einen Schlüssel zu dieser Wohnung?«

Wieder spitzte Willy den Mund. Diesmal kniff ihn Alvirah in den Arm. »Schlüssel zu dieser Wohnung«, wiederholte sie nachdenklich. »Lassen Sie mich überlegen. Der Reinigungsdienst Eins-Zwei-Drei hat einen. Nein, eigentlich nicht direkt. Die holen sich einen beim Portier und geben ihn dort wieder ab, wenn sie fertig sind. Meine Freundin Maude hat einen Schlüssel. Sie kam am Muttertag übers Wochenende in die Stadt, weil sie mit ihrem Sohn und seiner Frau ins Theater gehen wollte. Die beiden haben 'ne Katze, und Maude ist allergisch gegen Katzen, da hat sie auf unserer Couch geschlafen. Dann hat Willys Schwester, Schwester Patricia, 'ne Schlüssel. Und dann...«

»Hat Ihr Neffe Brian McCormack einen Schlüssel, Mrs. Meehan?« unterbrach Rooney.

Alvirah biß sich auf die Lippen.

»Brian McCormack hat einen Schlüssel.« Diesmal sprach Rooney mit leicht erhobener Stimme. »Dem Portier zufolge hat er diese Wohnung während Ihrer Abwesenheit häufig benutzt. Übrigens liegt der Zeitpunkt des Todes nach Schätzung des Leichenbeschauers gestern zwischen 11 und 15 Uhr, wobei eine exakte Festlegung vor der Autopsie natürlich unmöglich ist.« Sein Ton wurde nachdenklich. »Zu erfahren, wo Brian McCormack in dieser Zeit war, dürfte aufschlußreich sein.«

Sie wurden informiert, daß sie nicht in der Wohnung bleiben könnten, bevor die Spurensuche Fingerabdrücke und sonstige Hinweise sichergestellt hätte. »Es ist alles so, wie Sie es vorgefunden haben?« fragte Rooney.

»Außer...«, begann Willy.

»Außer, daß wir eine Kanne Tee aufgebrüht haben«, fiel ihm Alvirah ins Wort. Von den Gläsern und dem Champagner kann ich ihnen immer noch erzählen, aber zurücknehmen kann ich nichts, dachte sie. Dieser Kriminalbeamte wird herausfinden, daß Brian verrückt nach Fiona war, und es als im Affekt begangenes Verbrechen einstufen. In diese Theorie muß sich dann alles einfügen.

Rooney klappte seinen Notizblock zu. »Wie ich höre, stellt die Verwaltung eine möblierte Wohnung zur Verfügung, in der Sie übernachten können.«

Fünfzehn Minuten später lag Alvirah im Bett und

kuschelte sich dankbar an den bereits eingedösten Willy. Bei aller Müdigkeit war es gar nicht so einfach, sich in einem fremden Bett zu entspannen. Das Ganze könnte sehr übel für Brian aussehen, dachte sie. Es muß eine Erklärung geben. Brian hätte sich niemals an einer Flasche Champagner zu fünfhundert Dollar vergriffen und Fiona Winters bestimmt nicht umgebracht. Aber wie hat sie in meinem Wandschrank ihr Ende gefunden?

Trotz der kurzen Nacht waren Alvirah und Willy um sieben wieder auf den Beinen. Der Schock, den sie beide erlitten hatten, ebbte ab, und nun setzten die Sorgen um Brian ein. »Kein Grund zur Aufregung«, meinte Alvirah ohne innere Überzeugung. »Wenn wir mit ihm sprechen, wird sich alles aufklären, da bin ich sicher. Mal sehen, ob wir wieder in unsere Wohnung reinkönnen.«

Sie zogen sich rasch an und eilten nach draußen. Carleton Rumson stand an den Fahrstühlen. Seine sonst rosige Gesichtsfarbe war fahl; dunkle Augensäcke machten ihn zehn Jahre älter. Wieder schaltete Alvirah automatisch das Mikrofon in ihrer Anstecknadel ein.

»Haben Sie schon von dem gräßlichen Mord in unserer Wohnung gehört, Mr. Rumson?« erkundigte sie sich.

Er drückte heftig auf den Fahrstuhlknopf. »Ja, allerdings. Freunde im Haus haben uns angerufen. Schrecklich für die junge Dame, schrecklich auch für Sie.«

Der Lift kam. Als sie drin waren, sagte Rumson: »Mrs. Meehan, meine Frau hat mich noch mal an das Stück Ihres Neffen erinnert. Wir fliegen morgen früh nach Mexiko. Ich würde es furchtbar gern heute lesen.«

Alvirah fiel das Kinn herunter. »Oh, das ist wirklich fabelhaft von Ihrer Frau, daß sie deswegen so hinter Ihnen her ist. Wir schicken's Ihnen bestimmt rauf.«

Als sie und Willy auf ihrer Etage ausstiegen, sagte sie: »Das könnte für Brian der große Durchbruch sein. Vorausgesetzt, daß...« Sie hielt abrupt inne.

Vor ihrer Wohnungstür hielt ein Polizist Wache. Drinnen hatte die Spurensuche ihrerseits überall Spuren hinterlassen. Und gegenüber von Rooney saß Brian, verwirrt, hilflos. Er sprang auf. »Tut mir leid, Tante Alvirah. Das ist ja schrecklich für euch.«

Für Alvirah sah er wie ein Zehnjähriger aus. Sein T-Shirt und die Khakihose waren zerknittert; bei einer Flucht aus einem brennenden Gebäude hätte er auch nicht schlimmer aussehen können.

Alvirah strich ihm das rotblonde Haar aus der Stirn, während Willy seine Hand ergriff. »Bist du okay?« fragte er.

Brian lächelte gequält. »Ich denke schon.«

Rooney unterbrach: »Mr. McCormack ist eben gekommen, und ich wollte ihn davon in Kenntnis setzten, daß er im Fall Fiona Winters als tatverdächtig gilt und das Recht auf einen Anwalt hat.«

»Soll das ein Witz sein?« fragte Brian ungläubig.

»Ich mache keine Witze, mein Wort darauf.« Rooney zog ein Blatt aus der Brusttasche, las Brian seine Rechte vor und gab es ihm dann. »Lassen Sie mich bitte wissen, ob Sie das in allen Punkten verstanden haben.« Mit einem Blick auf Alvirah und Willy sagte er: »Unsere Leute sind fertig. Sie können jetzt in der Wohnung bleiben. Mr. McCormacks Aussage nehme ich im Präsidium auf.«

»Du sagst kein Wort, Brian, bis wir dir einen Anwalt besorgt haben«, befahl Willy.

Brian schüttelte den Kopf. »Ich habe nichts zu verbergen, Onkel Willy. Ich brauche keinen Anwalt.«

Alvirah gab Brian einen Kuß. »Sobald du's hinter dir hast, kommst du gleich wieder her.«

Der Zustand der Wohnung gab ihr einiges zu tun. Sie schickte Willy mit einer langen Einkaufsliste los, schärfte ihm ein, den Lastenaufzug zu benutzen und so den Reportern zu entwischen.

Während sie sich mit Staubsauger, Schrubber, Mop und Staubtuch betätigte, realisierte sie mit wachsender Furcht, daß Polizisten die obligate Rechtsbelehrung, den Miranda Act, nur dann verlesen, wenn sie einen wohlbegründeten Tatverdacht haben.

Am schwersten fiel es ihr, den Teppichboden im Wandschrank zu saugen. Sie meinte, die weit aufgerissenen Augen von Fiona Winters wieder emporstarren zu sehen. Das brachte sie auf einen Gedanken. Wenn Fiona von jemandem erwürgt worden war, der sich von hinten angeschlichen hatte, dann wäre sie nicht auf dem Rücken liegend, mit nach oben gewandtem Gesicht gefunden worden.

Alvirah stellte den Staubsauger aus. Sie dachte über die Fingerabdrücke auf dem Couchtisch nach. Wenn Fiona Winters auf der Couch gesessen, sich vielleicht etwas vorgebeugt hatte, während ihr Mörder auf der Rückseite stand, ihr die Vorhangschlaufe um den Hals legte und dann zudrehte, wäre da ihre Hand nicht automatisch zurückgezogen worden und hätte die Fingerabdrücke auf der Glasplatte hinterlassen? »Du lieber Himmel«, flüsterte Alvirah, »ich wette, ich hab' Beweismittel vernichtet.«

Als sie ihre Anstecknadel am Revers befestigte, läutete das Telefon. Baronin Min von Schreiber rief von Cypress Point Spa in Pebble Beach, Kalifornien, an, nachdem sie die Nachrichten gehört hatte. »Was hat sich diese gräßliche Person bloß dabei gedacht, sich ausgerechnet in deinem Wandschrank umbringen zu lassen?« fragte Min.

»Glaub mir, Min, ich bin ihr nur einmal begegnet, als wir uns Brians Stück angesehen haben. Brian wird jetzt eben von der Polizei vernommen. Ich bin ganz krank vor Angst. Sie halten ihn für den Täter.«

»Du irrst dich, Alvirah. Du hast Fiona Winters hier bei uns getroffen.«

»Ausgeschlossen«, widersprach Alvirah energisch. »Die war so 'ne Nervensäge, die kann man gar nicht vergessen!«

Pause. »Ich überlege gerade. Du hast recht. Sie war zu einer anderen Zeit hier und hat mit ihrem Begleiter das Wochenende im Bungalow verbracht. Die beiden haben sich sogar die Mahlzeiten dort servieren lassen. Sie hat alles versucht, diesen Produzenten zu ködern. Ein dicker Fisch – Carleton Rumson. Du erinnerst dich doch an ihn, Alvirah? Du hast ihn einmal kennengelernt, als er allein hier war.«

Als Carleton Rumson mittags zurück kam, umlagerten ihn die Reporter und bestürmten ihn mit Fragen.

»Ja, Miss Winters hat in mehreren meiner Produktionen mitgewirkt. Nein, ich hatte keine Ahnung, daß sie sich im Hause aufhielt. Wenn Sie mich jetzt entschuldigen wollen, ich muß…«

Es gelang ihm, sich einen Weg durch die Menge zu bahnen. Hatte er tags zuvor etwas in dieser Wohnung angefaßt? Fingerabdrücke hinterlassen? Bei diesem Gedanken durchrieselte es ihn eiskalt.

Alvirah durchquerte das Wohnzimmer und trat auf die Terrasse. Die Luftfeuchtigkeit näherte sich dem Sättigungsgrad. Im Park regte sich kein Blatt. Trotzdem seufzte Alvirah befriedigt auf. Wie kann jemand, der in New York geboren ist, es lange woanders aushalten, fragte sie sich.

Willy brachte vom Einkaufen auch die Zeitungen mit. Eine Schlagzeile lautete *Mord in Central Park South;* eine andere *Lotteriegewinnerin findet Leiche.*

Alvirah las die Schauerberichte genau. »Ich hab' nicht geschrien und bin auch nicht in Ohnmacht gefallen«, spottete sie. »Wo haben die denn diese Schnapsidee her?«

»Laut *Post* hast du gerade die sagenhafte neue Garderobe aufgehängt, die du dir in London zugelegt hast«, sagte Willy.

»Von wegen sagenhafte neue Garderobe! Das einzige teure Stück, das ich gekauft habe, war das Schottenkostüm in Orange und Pink – und da weiß ich schon jetzt, Min schafft's, daß ich es verschenke.«

Es gab Artikel über die Vorgeschichte von Fiona Winters: der Bruch mit ihrer noblen Familie, als sie zur Bühne ging. Ihre zwiespältige Karriere. Sie hatte einen Tony gewonnen, galt aber als extrem schwierig in der Zusammenarbeit, was sie eine Reihe von Traumrollen gekostet hatte. Ihr Zerwürfnis mit dem Dramatiker Brian McCormack, als sie abrupt aus seinem Stück *Gratwanderungen* ausstieg, das daraufhin abgesetzt werden mußte.

»Das Motiv«, bemerkte Alvirah tonlos. »Ab morgen wird der Fall in den Zeitungen verhandelt und Brian dann schuldig gesprochen.«

Um halb eins kam Brian zurück. Nach einem Blick in sein aschfahles Gesicht befahl Alvirah, er solle sich hinsetzen. »Ich mache dir eine Kanne Tee und einen Hamburger«, erklärte sie. »Du siehst aus, als ob du jeden Augenblick umkippst.«

»Ich denke, ein Schluck Scotch wäre besser für ihn«, meinte Willy.

Brian brachte ein mattes Lächeln zustande. »Ich glaube, du hast recht, Onkel Willy.« Bei Hamburgern und Fritten berichtete er, wie alles verlaufen war. »Ich habe nicht erwartet, daß sie mich wieder gehen lassen, das schwör' ich euch. Die sind felsenfest davon überzeugt, daß ich sie umgebracht habe.«

»Ist's dir recht, wenn ich mein Mikrofon einschalte?« fragte Alvirah. Sie machte sich an der Anstecknadel zu schaffen. »So, jetzt sagst du uns genau, was du ihnen erzählt hast.«

Brian runzelte die Stirn. »Eine Menge über meine persönliche Beziehung zu Fiona. Ich hatte die Nase voll von ihr und ihrem ganzen Gehabe und war dabei, mich in Emmy zu verlieben. Ich habe ihnen erzählt, daß es mir den Rest gegeben hat, wie sie ihre Rolle hinschmiß und die Aufführung platzen ließ.«

»Aber wie ist sie denn in meinen Wandschrank gekommen?« fragte Alvirah. »Du mußt sie doch in die Wohnung reingelassen haben.«

»Stimmt. Ich hab' viel hier gearbeitet. Ihr solltet zurückkommen, und da hab' ich vorgestern mein Zeug weggebracht. Gestern rief dann Fiona an, sie wär wieder in New York und würde gleich mal bei mir vorbeischauen. Aus Versehen habe ich meine Notizen für die Endfassung samt dem Korrekturexemplar hier zurückgelassen. Ich sagte ihr, es wäre Zeitverschwendung, ich wolle mir gerade hier meine Notizen holen, mich dann den ganzen Tag an die Schreibmaschine setzen und die Tür nicht aufmachen. Wie ich herkam, fand ich sie unten in der Halle vor. Ich wollte keine Szene und nahm sie mit nach oben.«

»Was wollte sie denn?« erkundigten sich Alvirah und Willy.

»Nichts Besonderes. Bloß die Hauptrolle in *Nächte in Nebraska*.«

»Nachdem sie im ersten Stück alles hingeschmissen hat!«

»Sie hat die Schau ihres Lebens abgezogen. Mich angefleht, ihr zu verzeihen. Sie wäre ein Vollidiot gewesen. Mit ihrer Rolle im Film wurde im Schneideraum kurzer Prozeß gemacht und die schlechte Presse über den Theaterskandal hatte ihr geschadet. Sie wollte wissen, ob *Nächte in Nebraska* schon fertig wäre. Ich bin auch nur ein Mensch. Hab' damit angegeben, gesagt, es würde wohl 'ne Weile dauern, den geeigneten Produzenten zu finden, aber wenn ich den hätte, würde es ein Bombenerfolg.«

»Hatte sie's mal gelesen?« fragte Alvirah.

Brian betrachtete die Teeblätter in seiner Tasse. »Zum Wahrsagen taugen die nicht viel«, meinte er. »Sie wußte, worum sich's handelt und daß 'ne tolle weibliche Hauptrolle drin ist.«

»Und die hast du ihr bestimmt nicht versprochen?« bohrte Alvirah.

Brian schüttelte den Kopf. »Tante Alvirah, ich weiß, sie hat mich zum Narren gehalten, aber daß sie mir solchen Schwachsinn zutraut, das konnte ich einfach nicht glauben. Sie bat mich, ein Abkommen zu treffen. Sie hätte Verbindung zu einem der wichtigsten Produzenten am Broadway. Wenn sie's ihm geben könnte und er's nähme, dann wollte sie die Diane spielen – die Beth, meine ich.«

»Wer ist das?« erkundigte sich Willy.

»Die weibliche Hauptrolle. Vergangene Nacht habe ich den Namen in der Endfassung geändert. Ich sagte Fiona, sie mache wohl Witze, aber wenn sie das zuwege brächte, würde ich's mir vielleicht überlegen. Dann habe ich meine Notizen zusammengepackt und versucht, sie rauszukomplimentieren. Sie hätte 'nen Vorsprechtermin im Lincoln Center und würde gern 'ne Stunde hierbleiben, sagte sie. Sie würde sich auch nicht von der Stelle rühren. Schließlich fand ich, es wäre wahrscheinlich gar nichts dabei, wenn ich sie da lasse und mich an die Arbeit machen kann. Gesehen habe ich sie zum letztenmal gegen zwölf, und da saß sie dort auf der Couch.«

»Wußte sie, daß du eine Kopie des neuen Stücks hier hattest?« fragte Alvirah.

»Klar. Ich hab's aus der Schreibtischschublade genommen, als ich die Notizen holte.« Er zeigte in Richtung Diele.

»Es liegt jetzt in der Schublade dort.«

Alvirah stand auf, eilte in die Diele und öffnete die Schublade. Sie war leer, wie sie erwartet hatte.

Emmy Laker hockte regungslos in dem riesigen Clubsessel in ihrer Atelierwohnung auf der West Side. Seitdem sie in den Siebenuhrnachrichten von Fionas Tod erfahren hatte, versuchte sie Brian zu erreichen. War er verhaftet worden? Verzweifelt starrte sie auf das Gepäck in der Zimmerecke. Fionas Gepäck.

Tags zuvor hatte es um neun Uhr morgens geläutet. Als sie die Tür aufmachte, rauschte Fiona herein. »Wie kannst du's nur aushalten, in einem Haus ohne Fahrstuhl zu wohnen?« fragte sie. »Zum Glück war gerade ein Botenjunge auf Tour und hat mir das Zeug raufgetragen.« Sie stellte ihre Koffer ab und griff zur Zigarette.

»Ich bin mit der Frühmaschine gekommen. War 'ne Kateridee, den Job zu akzeptieren. Ich hab' dem Regisseur die Meinung gegeigt, und er hat mich gefeuert. Hab' versucht, Brian zu erreichen. Hast du 'ne Ahnung, wo er steckt?«

Bei der Erinnerung wallte Wut auf in Emmy. »Ich habe sie gehaßt«, sagte sie laut. Sie sah Fiona so deutlich vor sich, als wäre sie noch im Zimmer, ihr zerzaustes blondes Haar, der hautenge einteilige Hosenanzug, der die makellose Figur voll zur Geltung brachte, die Katzenaugen, frech und anmaßend.

Sie war fest davon überzeugt, daß sie wieder in Brians Leben treten konnte, auch wenn sie ihn noch so schlecht behandelt hatte, dachte Emmy, und erinnerte sich an all die Monate, in denen sie beim Anblick von Brian und Fiona Höllenqualen ausgestanden hatte. Wäre es wieder dazu gekommen? Tags zuvor hatte sie es für denkbar gehalten.

Fiona rief ununterbrochen bei Brian an, bis sie ihn endlich erreichte. Als sie den Hörer auflegte, sagte sie: »Hast du was dagegen, wenn ich meine Koffer hierlasse? Er ist auf dem Weg zum Traumschloß einer Putzfrau. Ich werd' ihn abfangen.« Dann zuckte sie die Achseln. »Er ist so 'n verdammter Spießer, dabei sind erstaunlich viele Leute an der Westküste über ihn im Bilde. Ich muß schon sagen, nach allem, was ich über *Nächte in Nebraksa* gehört habe, sind da sämtliche Voraussetzungen für 'nen richtigen Knüller drin – und ich hab' vor, die Hauptrolle zu spielen.«

Emmy erhob sich. Ihr Körper fühlte sich steif an und schmerzte. Die uralte Klimaanlage ratterte und keuchte, aber trotzdem war es heiß und feucht im Zimmer. Eine kalte Dusche und eine Tasse Kaffee, dachte sie. Vielleicht bekomme ich dann einen klaren Kopf. Sie wollte

Brian sehen. Sie wollte ihn in die Arme schließen. Es tut mir kein bißchen leid, daß Fiona tot ist, gestand sie sich ein, aber wie kannst du erwarten, Brian, daß du ungestraft davonkommst?

Sie hatte sich gerade ein T-Shirt zum Baumwollrock übergestreift und ihr langes, leuchtend rotes Haar zu einem Nackenknoten gedreht, als es an der Haustür klingelte. Über die Sprechanlage teilte der Kriminalbeamte Rooney mit, er sei unterwegs nach oben.

»Allmählich ergibt das Sinn«, sagte Alvirah. »Hast du irgend etwas ausgelassen, Brian? Zum Beispiel, ob du die Flasche Champagner, Hausmarke der Queen, gestern in den silbernen Weinkühler gestellt hast?«

Brian war konsterniert. »Warum sollte ich das tun?«

»Das hab' ich ja auch nicht angenommen. Meine Güte, so 'ne unglaubliche Geschichte. Fiona hat nicht hier rumgelungert, weil sie zum Vorsprechen mußte. Ich gehe jede Wette ein, daß sie Carleton Rumson angerufen und hergebeten hat. Deshalb standen die Gläser und der Champagner hier. Sie gab ihm das Manuskript, und dann sind sie sich in die Haare geraten, wer weiß, warum. Ich hab' nämlich meine kleinen grauen Zellen mobilisiert. Fahr jetzt nach Hause, Brian, und hol die Endfassung von deinem Stück. Ich hab' mit Carleton Rumson, dem Produzenten, darüber gesprochen, er möchte sich's heute ansehen.«

»Carleton Rumson!« rief Brian. »Der ist doch am Broadway die Nummer eins und am schwersten zu erreichen. Du mußt zaubern können!«

»Ich erzähle dir das später. Er verreist mit seiner Frau, deshalb laß uns das Eisen schmieden, solange es heiß ist.«

Brian schaute zum Telefon hinüber. »Ich müßte

Emmy anrufen. Sie hat das mit Fiona inzwischen bestimmt erfahren.« Er wählte die Nummer, wartete, sagte dann enttäuscht: »Sie ist anscheinend nicht zu Hause.«

Emmy war sicher, daß der Anruf von Brian kam, machte aber keine Anstalten, den Hörer abzunehmen. Der magere Mann mit dem finsteren Gesicht ihr gegenüber hatte sie gerade gebeten, genau zu schildern, was sie am Vortag getan hatte. Emmy wählte ihre Worte sorgfältig. »Ich bin vormittags gegen elf zum Jogging gegangen. Gegen halb zwei zwar bin ich zurückgekommen und den Rest des Tages zu Hause geblieben.«

»Allein?«

»Ja.«

»Haben sie Fiona Winters gestern gesehen?«

Emmys Blick glitt in die Ecke, wo die Koffer gestapelt waren. »Ich…« Sie hielt inne.

»Miss Laker, ich muß Sie wohl darauf aufmerksam machen, daß es zu Ihrem Vorteil ist, wenn Sie ganz wahrheitsgemäß antworten.« Rooney zog seine Aufzeichnungen zu Rate. »Fiona Winters kam mit einer Maschine aus Los Angeles, die etwa um 7 Uhr 30 landete. Sie nahm sich ein Taxi und fuhr hierher. Ein Botenjunge, der sie erkannte, half ihr mit dem Gepäck. Sie erzählte ihm, daß Sie sich nicht gerade freuen würden, sie zu sehen, weil Sie hinter ihrem Freund her seien. Als Miss Winters ging, folgten Sie ihr. Ein Pförtner von Central Park South hat Sie erkannt. Sie saßen auf einer Bank gegenüber, beobachteten das Haus annähernd zwei Stunden lang und betraten es dann durch den Lieferanteneingang, den die Maler abgesichert und offengelassen hatten.« Rooney beugte sich vor. Sein Ton wurde vertraulich. »Sie fuhren nach oben zu den Wohnung der Meehans, stimmt's? War Miss Winters schon tot?«

Emmy starrte ihre Hände an. Brian neckte sie immer damit, daß sie so klein wären. »Aber kräftig«, lachte er, wenn sie miteinander rangen. Brian. Was sie auch sagte, sie würde ihm schaden. Sie blickte Rooney an. »Ich möchte mit einem Anwalt sprechen.«

Rooney stand auf. »Das ist selbstverständlich Ihr gutes Recht. Ich möchte Sie jedoch daran erinnern, daß Sie sich mitschuldig machen können, wenn Brian McCormack seine ehemalige Geliebte tatsächlich ermordet hat und Sie Beweise zurückhalten. Und damit tun Sie ihm keinen Gefallen, das versichere ich Ihnen.«

Als Brian in seine Wohnung kam, fand er eine Nachricht von Emmy auf dem Anrufbeantworter vor. »Ruf mich an, Brian. Bitte.« Mit fliegenden Fingern wählte er ihre Nummer.

»Hallo«, flüsterte sie.

»Emmy, was ist los? Ich hab's schon mal versucht, aber da warst du nicht zu Hause.«

»Ich war hier. Ein Kriminalbeamter hat mich besucht. Ich muß dich unbedingt sehen, Brian.«

»Nimm dir ein Taxi und komm in die Wohnung meiner Tante. Ich bin auf dem Weg dorthin.«

»Ich möchte allein mit dir reden. Es geht um Fiona. Sie war gestern hier bei mir. Ich bin ihr gefolgt.«

Brian schnürte es die Kehle zu. »Kein Wort mehr am Telefon.«

Um vier Uhr nachmittags läutete es stürmisch. Alvirah sprang auf. »Brian hat seinen Schlüssel vergessen«, erklärte sie Willy. »Ich hab' ihn auf dem Tisch in der Diele gesehen.«

Doch vor der Tür stand Carleton Rumson. »Mrs. Meehan, bitte entschuldigen Sie die Störung.« Damit trat er ein. »Ich erwähnte einem meiner Assistenten gegenüber, daß ich mir das Stück Ihres Neffen mal anschauen will. Er hat offenbar den Erstling gesehen und sehr gut gefunden.« Rumson ließ sich im Wohnzimmer nieder, trommelte nervös auf der Glasplatte des Couchtisches herum.

»Kann ich Ihnen etwas zu trinken anbieten?« erkundigte sich Willy. »Vielleicht ein Bier?«

»Aber Willy«, tadelte ihn Alvirah. »Ich bin sicher, Mr. Rumson trinkt nur erstklassigen Champagner. Hab' ich wohl in *People* gelesen.«

»Stimmt genau, aber nicht jetzt, vielen Dank.« Rumsons Miene war durchaus freundlich, doch Alvirah registrierte das heftige Pulsieren an seiner Kehle. »Wo kann ich Ihren Neffen erreichen?«

»Er muß jeden Augenblick hier sein. Ich rufe Sie dann sofort an.«

»Ich lese sehr schnell. Wenn Sie mir das Manuskript heraufschicken würden, könnten er und ich uns ungefähr eine Stunde später zusammensetzen.«

Nachdem Rumson sich verabschiedet hatte, fragte Alvirah: »Was meinst du, Willy?«

»Daß er für 'nen Starproduzenten ein ziemliches Nervenbündel ist. Ich kann Leute nicht ausstehen, die auf Tischen rumtrommeln. Macht mich ganz kribbelig.«

»Ihn hat's kribbelig gemacht, daß er hier nicht zum Zuge gekommen ist.« Alvirah lächelte geheimnisvoll.

Eine knappe Minute später klingelte es abermals. Alvirah eilte zur Tür. Emmy Laker, rote Haarsträhnen hatten sich aus dem Nackenknoten gelöst, eine riesige Sonnenbrille verdeckte das halbe Gesicht, das T-Shirt klebte an ihrem schlanken Oberkörper.

»Der Mann, der eben gegangen ist...« stammelte Emmy. »Wer war das?«

»Carleton Rumson, der Produzent«, erwiderte Alvirah rasch. »Wieso?«

»Weil...« Emmy nahm die Brille an, sie hatte ganz verschwollene Augen.

Alvirah legte ihr beide Hände auf die Schultern. »Was ist los, Emmy?«

»Ich weiß nicht, was ich tun soll«, sagte Emmy. »Ich weiß wirklich nicht, was ich tun soll.«

Carleton Rumson kehrte in seine Wohnung zurück, Schweißperlen auf der Stirn. Diese Alvirah Meehan war kein Dummkopf. Der Seitenhieb mit dem Champagner war keine Höflichkeitsfloskel. Wieviel ahnte sie?

Victoria stand auf der Terrasse, die Hände locker auf das Geländer gelegt. »Zum Donnerwetter, hast du die Anschläge nicht gelesen, die überall kleben?« fragte er. »Ein kräftiger Stoß, und das Geländer ist futsch.«

Victoria trug weiße Hosen und einen weißen Pullover. Ein wahrer Jammer, daß irgend jemand einmal in einer Modekolumne geschrieben hatte, eine hellblonde Schönheit wie Victoria Rumson sollte nie etwas anderes als Weiß tragen, dachte er mißmutig. Victoria hatte diesen Rat wörtlich genommen.

Sie entgegnete ruhig: »Das kenne ich, immer wenn dich etwas aus dem Gleichgewicht bringt, wirst du mir gegenüber ausfallend. Wußtest du, daß Fiona Winters sich hier im Haus aufgehalten hat? Vielleicht auf deine Bitte hin.«

»Vic, ich habe Fiona seit fast zwei Jahren nicht mehr gesehen. Wenn du mir nicht glaubst, ist das eben Pech.«

»Solange du sie nicht gestern gesehen hast, Darling. Wie ich höre, stellt die Polizei eine Menge Fragen. Dabei wird unweigerlich herauskommen, daß ihr beide, sie und du, 'ne Story abgegeben habt, wie's die Journalisten nennen. Bist du Brian McCormack auf der Spur geblieben? Ich hab' da wieder mal den gewissen Riecher.«

Rumson räusperte sich. »Diese Alvirah Meehan will McCormack veranlassen, mir das Stück zu bringen. Sobald ich's gelesen habe, gehe ich runter und treffe ihn.«

»Laß es mich auch lesen. Dann könnte ich mitkommen. Ich würde brennend gern sehen, wie eine Putzfrau eingerichtet ist.« Sie hakte ihren Mann unter. »Mein armer Darling. Warum bist du so nervös?«

Als Brian, sein Stück unter dem Arm, in die Wohnung stürzte, lag Emmy unter einer leichten Decke auf der Couch. Alvirah machte die Tür hinter ihm zu und beobachtete, wie er sich neben Emmy hinkniete und sie in die Arme schloß. »Ich geh' nach hinten und laß euch ungestört reden.«

Willy war im Schlafzimmer und breitete Kleidungsstücke aus. »Welche Jacke, Schatz?« Er hielt zwei Sportsakkos hoch.

Alvirah runzelte die Stirn. »Du möchtest nett aussehen, wenn Pete seine Pensionierung feiert, aber es soll nicht angeberisch wirken. Zieh die blaue Jacke an und dazu das weiße Sporthemd.«

»Ich laß dich trotzdem ungern allein heute abend«, protestierte Willy.

»Du darfst bei Petes Dinner nicht fehlen«, erklärte Alvirah bestimmt. »Und wenn's zu sehr rundgeht, Willy, dann mußt du mir versprechen, daß du nicht nach Hause fährst, sondern in der alten Wohnung übernachtest. Du weißt doch, wie du loslegen kannst, wenn du mit den Brüdern zusammen bist.«

Willy lächelte verdattert. »Du meinst, wenn ich ›Danny Boy‹ öfter als zweimal singe, ist das 'n Alarmzeichen für mich.«

»Genau.«

»Schatz, ich bin so kaputt von der Reise und dem Schreck letzte Nacht, daß ich ebenso gern bei Pete ein paar Bierchen kippen und dann heimkommen würde.«

»Das wäre unfreundlich. Pete ist auf unserer Party zum Lotteriegewinn bis zum Morgen geblieben, als der Verkehr auf der Schnellstraße schon voll im Gange war. Jetzt müssen wir mit den jungen Leuten reden.«

Im Wohnzimmer saßen Emmy und Brian Hand in Hand nebeneinander. »Habt ihr zwei schon alles geklärt?« erkundigte sich Alvirah.

»Nicht direkt«, sagte Brian. »Als Emmy es ablehnte, Rooneys Fragen zu beantworten, hat er ihr offenbar heftig zugesetzt.«

Alvirah schaltete ihr Mikrofon ein. »Ich muß alles wissen, was er von Ihnen gewollt hat.«

Emmy berichtete zögernd. Ihre Stimme wurde ruhiger, und ihre Sicherheit kehrte zurück, als sie sagte: »Man wird dich anklagen, Brian. Er will mich dazu bringen, Dinge zu äußern, die dir schaden.«

»Du meinst, du beschützt mich.« Brian machte ein erstauntes Gesicht. »Das ist nicht notwendig. Ich habe nichts getan. Ich dachte…«

»Du dachtest, Emmy sitzt in der Klemme«, ergänzte Alvirah. Sie ließ sich mit Willy auf der gegenüberliegenden Seite der Couch nieder und musterte die beiden. Ihr wurde klar, daß Brian und Emmy direkt vor der Stelle saßen, wo die Tischplatte mit Fingerabdrücken übersät gewesen war. Der Vorhang befand sich etwas mehr rechts. Wer immer auf dieser Couch saß, hatte die

Schlaufe genau im Blickfeld gehabt. »Ich werde euch beiden jetzt was erzählen«, verkündete sie. »Jeder von euch denkt, der andere könnte vielleicht was damit zu tun haben – und ihr irrt euch beide. Hast du irgend etwas verschwiegen über deine gestrige Begegnung mit Fiona Winters, Brian?«

»Nicht das geringste«, erwiderte er.

»Gut. Jetzt sind Sie dran, Emmy.«

Emmy ging zum Fenster hinüber. »Ich mag diese Aussicht.« Sie wandte sich zu Alvirah und Willy. »Als Fiona gestern meine Wohnung verließ, um sich mit Brian zu treffen, habe ich wohl etwas durchgedreht. Er ist ja so auf sie fixiert gewesen. Fiona gehört – gehörte zu den Frauen, die nur mit dem Finger zu schnippen brauchen. Ich hatte Angst, daß Brian wieder mit ihr anbändelt.«

»Niemals…«, protestierte Brian.

»Du hältst den Mund«, kommandierte Alvirah.

»Ich habe lange auf der Parkbank gesessen«, fuhr Emmy fort. »Ich sah Brian weggehen. Als Fiona nicht runterkam, dachte ich zuerst, vielleicht hat Brian ihr gesagt, sie solle warten. Endlich entschloß ich mich zur Auseinandersetzung mit ihr. Ich fuhr mit dem Lastenaufzug nach oben, weil ich von niemandem gesehen werden wollte. Ich läutete an der Wohnungstür, wartete, läutete noch mal und ging dann.«

»Das ist alles?« fragte Brian. »Warum hattest du Angst, das Rooney zu erzählen?«

»Weil sie dachte, als sie von Fionas Tod erfuhr, daß du sie da bereits umgebracht hattest und sie deshalb nicht mehr aufmachen konnte.« Alvirah beugte sich vor. »Warum haben Sie sich vorhin nach Carleton Rumson erkundigt, Emmy? Sie haben ihn gestern gesehen, stimmt's?«

»Als ich den Korridor entlanglief, ging er vor mir zum Personenaufzug. Er kam mir bekannt vor, erkannt habe ich ihn aber erst, als ich ihn eben wiedersah.«

Alvirah stand auf. »Ich denke, wir sollten Mr. Rumson anrufen und ihn bitten, herunterzukommen, und ich denke, wir sollten Rooney ebenfalls telefonisch herbitten. Aber zuerst gibst du Willy dein Stück, Brian, damit er's den Rumsons raufbringt. Mal überlegen. Jetzt ist's kurz vor fünf. Rumson soll anrufen, wenn er's gelesen hat und es zurückbringen kann, sag ihm das bitte, Willy.«

Der Summer der Sprechanlage ertönte. Willy meldete sich. »Rooney ist unten. Er sucht dich, Brian.«

Rooney gab sich kalt und unpersönlich. »Mr. McCormack, ich muß Sie bitten, mich zwecks weiterer Vernehmung aufs Revier zu begleiten.. Über Ihre Rechte sind Sie informiert worden. Ich wiederhole, daß alles, was Sie sagen, gegen Sie verwendet werden kann.«

»Er wird nirgendwohin gehen«, erklärte Alvirah energisch. »Ich hab' Ihnen allerhand mitzuteilen, Mr. Rooney.«

Zwei Stunden später, kurz vor sieben, rief Carleton Rumson an. Alvirah und Willy hatten Rooney von dem Champagner und den Gläsern, von den Fingerabdrücken auf dem Couchtisch und von Emmys Begegnung mit Carleton Rumson berichtet, aber nichts davon machte sonderlichen Eindruck, wie Alvirah feststellte. Er sperrt sich gegen alles, was nicht zu seiner Theorie über Brian paßt, dachte sie.

Ein paar Minuten darauf sah Alvirah zu ihrem Erstaunen beide Rumsons hereinkommen. Victoria Rumson lächelte herzlich. Als sie mit Brian bekannt gemacht wurde, ergriff sie seine Hände und sagte: »Sie sind ein junger Neil Simon. Ich habe Ihr Stück gelesen. Gratuliere.«

Als Rooney vorgestellt wurde, verfärbte sich Carleton Rumsons Gesicht aschgrau. Er wandte sich stammelnd an Brian: »Tut mir furchtbar leid, daß ich ausgerechnet jetzt störe. Ich mach's ganz kurz. Ihr Stück ist großartig. Ich möchte eine Option darauf. Bitte veranlassen Sie Ihren Agenten, daß er sich morgen mit meinem Büro in Verbindung setzt.«

Victoria Rumson stand an der Terrassentür. »Sie waren so gescheit, die Aussicht nicht zu verdecken«, lobte sie Alvirah. »Mein Dekorateur hat auf Gardinen und Vorhängen bestanden und dadurch das Panorama auf Postkartenformat reduziert.«

Kein Zweifel, sie hat auf Charme geschaltet, dachte Alvirah.

»Wir sollten wohl alle besser Platz nehmen«, schlug Rooney vor. Und dann: »Mr. Rumson, Sie kannten Fiona Winters.«

Sie habe Rooney vielleicht doch unterschätzt, vermutete Alvirah. Er beugte sich vor, in seinem Gesicht spiegelte sich gespannte Aufmerksamkeit.

»Miss Winters hat vor ein paar Jahren in mehreren meiner Produktionen mitgewirkt«, erklärte Rumson.

Er saß auf einer Couch neben seiner Frau. Alvirah bemerkte, daß er nervös zu ihr herüberblickte.

»Was vor Jahren war, interessiert mich nicht«, erklärte Rooney. »Mich interessiert, was gestern passiert ist. Haben Sie sie gesehen?«

»Nein.« Für Alvirah hörte sich das gezwungen an; Rumson befand sich in der Defensive…

»Hat sie Sie aus dieser Wohnung angerufen?« fragte sie.

»Ich stelle hier die Fragen, Mrs. Meehan, wenn Sie nichts dagegen haben.«

»Reden Sie nicht in dem Ton mit meiner Frau«, ereiferte sich Willy.

»Ich meinte ja bloß, wenn sie von hier aus telefoniert hat, gibt's davon 'ne Aufzeichnung, und da wollte ich vermeiden, daß Mr. Rumson durch 'ne Lüge ins Gedränge kommt.«

Victoria Rumson tätschelte den Arm ihres Mannes.

»Ich glaube, du willst meine Gefühle schonen, Darling. Falls diese unmögliche Person dich wieder belästigt hat, nimm bitte keine Rücksicht auf mich und sag genau, was sie von dir wollte.«

Vor ihren Augen schien Rumson sichtbar zu altern. Als er zu sprechen begann, klang seine Stimme matt, erschöpft. »Wie ich Ihnen bereits sagte, hat Fiona Winters in mehreren meiner Produktionen gespielt. Sie...«

»Sie hatte auch eine persönliche Beziehung mit Ihnen«, warf Alvirah ein. »Sie haben sie häufig mitgebracht nach Cypress Point Spa.«

»Ich habe seit mehreren Jahren nicht mit Fiona Winters zu tun gehabt. Ja, sie hat gestern gegen Mittag angerufen. Sie hatte ein Stück an der Hand, das sie mir zu lesen geben wollte. Es erfüllte sämtliche Voraussetzungen für einen Kassenschlager, versicherte sie mir, und sie wolle die Hauptrolle spielen. Ich erwartete ein Ferngespräch aus Europa und willigte ein, sie in etwa einer Stunde hier unten aufzusuchen.«

»Das bedeutet, sie hat angerufen, nachdem Brian gegangen war«, triumphierte Alvirah. »Deshalb standen die Gläser und der Champagner bereit. Sie waren für Sie bestimmt.«

»Sind Sie in diese Wohnung gekommen, Mr. Rumson?« fragte Rooney.

Wieder zögerte Rumson.

»Ist schon in Ordnung, Darling«, redete ihm Victoria Rumson sanft zu.

Ohne Rooney dabei anzublicken, verkündete Alvirah: »Emmy hat Sie hier auf dem Korridor kurz nach eins gesehen.«

Rumson sprang auf. »Mrs. Meehan, ich verbitte mir alle weiteren Anspielungen! Ich befürchtete, Fiona würde mich nicht in Ruhe lassen, wenn ich nicht reinen Tisch machte. Also kam ich her und klingelte. Es rührte sich nichts. Die Tür war nicht richtig zu, ich stieß sie auf und rief nach ihr. Wenn ich schon mal da war, wollte ich's auch hinter mich bringen.«

»Haben Sie die Wohnung betreten?« fragte Rooney.

»Ja. Ich durchquerte dieses Zimmer, steckte den Kopf in die Küche und warf einen Blick ins Schlafzimmer. Sie war nirgends zu sehen. Ich hoffte, sie hätte sich das mit dem Treffen anders überlegt, und war erleichtert, das kann ich Ihnen versichern. Als ich dann heute früh die Nachrichten hörte, hatte ich nur einen Gedanken – vielleicht lag ihre Leiche in dem Wandschrank, während ich unten war, und dann würde ich ins Kreuzfeuer geraten.« Und an seine Frau gewandt: »Im Kreuzfeuer stehe ich ja wohl schon, aber ich schwöre, das ist die Wahrheit.«

Victoria berührte seine Hand. »Ausgeschlossen, daß man dich da hineinzieht. Wie konnte diese unverschämte Person nur auf die Idee kommen, sie würde die Hauptrolle in *Nächte in Nebraska* spielen.« Victoria wandte sich an Emmy. »Jemand in Ihrem Alter sollte die Diane spielen.«

»Wird sie auch«, erklärte Brian. »Ich hab's ihr bloß noch nicht gesagt.«

Rooney klappte seinen Notizblock zu. »Mr. Rumson,

ich muß Sie bitten, mich ins Präsidium zu begleiten. Von Ihnen, Miss Laker, hätte ich ebenfalls gern eine komplette Aussage. Mit Ihnen, Mr. McCormack, müssen wir uns nochmals unterhalten, und ich rate Ihnen dringend, sich einen Anwalt zu nehmen.«

»Einen Augenblick bitte«, sagte Alvirah ungehalten. »Ich kann feststellen, daß Sie Mr. Rumson mehr Glauben schenken als Brian.« Da geht die Option auf das Stück flöten, aber das ist wichtiger, dachte sie. »Sie meinen damit, daß Brian möglicherweise aufbrechen wollte, sich dann entschloß, zurückzukommen und Fiona zu sagen, sie solle verschwinden, und sie schließlich umgebracht hat. Ich erkläre Ihnen jetzt, wie's meiner Meinung nach gelaufen ist. Rumson tauchte hier auf und kriegte Krach mit Fiona. Er erwürgte sie, war aber schlau genug, das Manuskript mitzunehmen, das sie ihm zeigte.«

»Das ist von A bis Z falsch«, konterte Rumson gereizt.

»Ich wünsche hier keine weiteren Erörterungen«, ordnete Rooney an. »Miss Laker, Mr. Rumson, Mr. McCormack, unten wartet ein Wagen.«

Als sich die Tür hinter ihnen schloß, nahm Willy Alvirah in die Arme. »Schätzchen, ich laß die Party bei Pete sausen. Du bist fix und fertig und darfst einfach nicht allein bleiben.«

Alvirah drückte ihn an sich. »Nein, kommt gar nicht in Frage. Ich habe alles aufgezeichnet. Ich muß das Band abhören, und das mache ich besser allein. du amüsierst dich inzwischen gut.«

»Ich weiß schon – wenn ich ›Danny Boy‹ öfter als zweimal singe, soll ich in der alten Bude übernachten.«

Die Wohnung erschien unheimlich still, nachdem Willy gegangen war. Alvirah entschied sich für ein warmes Bad, das würde ihren steifen Körper lockern und den Kopf klar machen.

Danach zog sie ihr Lieblingsnachthemd an und Willys gestreiften Bademantel. Sie stellte den teuren Kassettenrekorder, den ihr der Chefredakteur vom *New York Globe* gekauft hatte, auf den Eßzimmertisch, nahm die winzige Kassette aus der Rosette, legte sie ein und drückte die Rücklauftaste. Für den Fall, daß sie ihre Gedanken laut artikulieren wollte, schob sie eine neue Kassette hinten in die Brosche, die sie am Bademantel befestigte. Sie saß da, hörte sich ihre Gespräche mit Brian an, mit Rooney, mit Emmy, mit den Rumsons.

Was war es, das sie an Carleton Rumson so heftig irritierte? Systematisch ließ sie die erste Begegnung mit den Rumsons Revue passieren. An jedem Abend war er ganz schön frostig, aber als wir am nächsten Morgen mit ihm zusammenprallten, hatte sich sein Ton gründlich verändert, er erinnerte mich sogar, daß er das neue Stück gleich lesen wollte. Brians Worte fielen ihr ein, daß niemand an Carleton Rumson herankommen könne.

Das ist's, dachte sie. Er wußte bereits, wie gut das Stück ist. Er konnte nicht zugeben, daß er es schon gelesen hatte. Abwarten, bis ich Rooney davon überzeugt habe...

Das Telefon läutete. Verdutzt eilte Alvirah an den Apparat. Emmy. »Mrs. Meehan«, flüsterte sie, »sie vernehmen Brian und Mr. Rumson immer noch, aber ich weiß, sie halten Brian für schuldig.«

»Ich hab' gerade alles ausgetüftelt«, jubelte Alvirah. »Wie gut konnten Sie Carleton Rumson gestern im Flur sehen?«

»Recht gut.«

»Dann konnten Sie doch auch sehen, daß er das

Manuskript bei sich trug, stimmt's? Ich meine, wenn er die Wahrheit gesagt hat, daß er nur runtergegangen ist, um Fiona die Leviten zu lesen, dann hätte er das Manuskript garantiert nicht mitgenommen. Aber wenn sie sich darüber unterhalten hatten und er darin gelesen hat, bevor er sie umbrachte, dann hätte er's eingesackt. Emmy, ich glaub', ich hab' den Fall gelöst.«

Emmys Stimme war kaum vernehmbar. »Mrs. Meehan, ich schwöre, Carleton Rumson hat nichts bei sich getragen, als ich ihn sah. Was ist, wenn mir Rooney nun diese Frage stellt? Mit einer wahrheitsgemäßen Antwort würde ich doch Brian schaden.«

»Sie müssen die Wahrheit sagen«, erwiderte Alvirah bekümmert. »Keine Sorge, mein Gehirn arbeitet immer noch auf Hochtouren.« Sie legte auf, schaltete den Kassettenrecorder wieder ein und begann die Bänder nochmals abzuspielen. Sie hörte ihre Gespräche mit Brian mehrfach ab. Er hatte ihr doch etwas erzählt, das ihr anscheinend entgangen war…

Schließlich stand sie auf, weil sie fand, daß ein wenig frische Luft nicht schaden könnte. Frisch ist die New Yorker Luft ja nun nicht gerade, dachte sie, als sie die Terrassentür öffnete und hinaustrat. Diesmal ging sie geradewegs zur Brüstung und legte die Finger auf das Geländer. Wenn Willy hier wäre, würde er 'nen Koller kriegen, dachte sie, aber ich werde mich nicht aufstützen. Der Blick über den Park hat nur so etwas Beruhigendes. Ich glaube, der Tag, an dem Mama als Sechzehnjährige eine Schlittenfahrt durch den Park gemacht hat, zählte zu ihren schönsten Erinnerungen. Immer wieder hat sie davon gesprochen. Ihre Freundin Beth hatte sich das zum Geburtstag gewünscht.

Beth!
Beth!

Das ist es, dachte Alvirah. Wieder hörte sie Brian sagen, Fiona Winters wolle die Rolle der Diane spielen. Dann verbesserte er sich – ich meine, die Beth. Willy erkundigte sich, wer das sei, und Brian antwortete, so hieße die weibliche Hauptdarstellerin in seinem neuen Stück, er habe den Namen in der Endfassung geändert. Alvirah schaltete ihr Mikrofon ein und räusperte sich. Sie sollte das Ganze lieber festhalten. Dann könnte sie auf ihre unmittelbare Reaktion zurückgreifen, wenn sie den Artikel für den *Globe* schrieb. »Es war nicht Rumson, der Fiona Winters umbrachte«, sagte sie kategorisch. »Es war seine Frau, die ›einäugige Vicky‹. Sie war es, die Rumson drängte, das Stück zu lesen. Sie war es, die sagte, Emmy sollte die Diane spielen. Sie wußte nicht, daß Brian den Namen geändert hatte. Sie muß mitgehört haben, als Fiona ihren Mann anrief. Sie kam, während er auf seine Gespräche aus Europa wartete. Sie wollte nicht, daß Fiona sich abermals an Rumson heranmachte, brachte sie um, nahm dann das Manuskript an sich. Sie hat die Kopie gelesen, nicht die Endfassung.«

»Wie überaus scharfsinnig, Mrs. Meehan.«

Die Stimme klang unmittelbar hinter ihr. Alvirah spürte kräftige Hände an ihrem Kreuz. Sie versuchte sich umzudrehen und fühlte, wie ihr Körper gegen Brüstung und Geländer gedrückt wurde. Wie ist Victoria Rumson hier hereingekommen, überlegte sie, dann fiel ihr blitzartig ein, daß Brians Schlüssel auf dem Tisch gelegen hatte. Mit voller Kraft versuchte sie, sich auf ihre Angreiferin zu werfen, doch da traf sie ein Schlag seitlich am Hals und betäubte sie. Sie wurde herumgewirbelt und sackte am Geländer zusammen. Aus weiter Ferne nahm sie ein knirschendes, splitterndes Geräusch wahr und Willys Schreckensrufe.

Willy war nicht so lange geblieben, um auch nur einen Refrain von »Danny Boy« zu singen. Nach dem Dinner, ein paar Gläschen Bier und der Gratulationscour bei Pete hatte ihn eine innere Stimme gedrängt, nach Hause zu gehen. Als er die Wohnung betrat und die kämpfenden Gestalten an der Terrassenbrüstung sah, erstarrte er vor Entsetzen. Unter lauten Rufen nach Alvirah stürzte er durch das Zimmer.

»Komm rein, Schatz«, flehte er, »komm zurück.« Dann wurde ihm klar, was die andere Frau tat. Er betrat die Terrasse, sah, wie sich ein Mauerteil löste und niederfiel, so daß neben Alvirah jetzt eine gähnende Lücke klaffte. Willy ging den zweiten Schritt darauf zu und kippte um.

Beth! Diane! Während der ganzen Taxifahrt vom Polizeirevier nach Central Park South balancierte Emmy auf der Sitzkante. Sie hatte dort gewartet, bis ihre Aussage getippt vorlag, in verzweifelter Angst um Brian; sie erinnerte sich, wie er sie angeschaut hatte, als er Victoria Rumson erzählte, daß sie die Hauptrolle in seinem neuen Stück spielen würde. An der Diane liegt mir nichts, wenn nur mit Brian alles in Ordnung ist, dachte sie. Nicht Diane, sondern Beth. Brian hatte den Namen geändert. Dann hörte sie Victoria Rumson sagen: »Sie sollten die Rolle der Diane spielen.« Damit paßte alles ins Bild. Victoria Rumson, von rasender Eifersucht erfüllt, Victoria, die ihren Mann vor ein paar Jahren beinahe an Fiona verloren hätte…

Emmy war aufgesprungen und aus dem Revier davongestürzt. Sie mußte mit Alvirah sprechen, bevor sie ein Wort zu den Polizisten sagte. Sie hörte einen Polizisten hinter sich herrufen, reagierte jedoch nicht, als sie dem Taxi winkte.

In Central Park South angekommen, raste sie zum Fahrstuhl. Als sie den Flur entlangging, hörte sie Willy schreien. Die Tür war offen. Sie sah Willy die Terrasse betreten und umfallen. Sie sah die Silhouetten von zwei Frauen und erkannte, was sich da abspielte.

Wie ein geölter Blitz raste Emmy auf die Terrasse. Sie fand sich Alvirah gegenüber, die über dem Abgrund hing. Ihre rechte Hand umklammerte den noch vorhandenen Teil des Geländers. Victoria Rumson schlug mit beiden Fäusten auf diese Hand ein.

Emmy packte Victorias Arme und drehte sie ihr auf dem Rücken zusammen. Victorias wütendes Wehgeschrei übertönte das Krachen, mit dem die Terrassenmauer auf die Straße stürzte. Emmy stieß sie beiseite und konnte die Kordel von Alvirahs Bademantel packen. Alvirah schwankte. Ihre Pantoffel rutschten nach hinten weg. Ihr Körper schwebte 34 Etagen über dem Gehsteig. Mit äußerster Kraftanstrengung zerrte Emmy sie zurück, und sie fielen zusammen auf den bewußtlos daliegenden Willy.

Alvirah und Willy schliefen bis Mittag. Als sie endlich aufwachten, bestand Willy darauf, daß Alvirah liegenblieb. Er ging in die Küche, kam nach fünfzehn Minuten zurück mit einem Krug Orangensaft, einer Kanne Tee und einem Teller Toast. Nach der zweiten Tasse Tee war Alvirahs gewohnter Optimismus zurückgekehrt. »Junge, Junge, war das ein Segen, daß Rooney gleich nach Emmy reingeplatzt kam und sich Victoria Rumson geschnappt hat, bevor sie fliehen konnte. Und weißt du, was ich denke, Willy?«

»Ich weiß nie, was ich denken soll, Schatz«, seufzte Willy.

»Einer der Gründe, weshalb Carleton Rumson nie 'ne

Scheidung verlangt hat, ist das Geld – er wollte keine Vermögensteilung. Wenn die einäugige Vicky im Kittchen sitzt, braucht er sich darüber keine Gedanken mehr zu machen. Und ich gehe jede Wette ein, daß er Brians Stück trotzdem herausbringt.«

Nach kurzer Pause fuhr Alvirah fort: »Und noch was, Willy. Ich möchte, daß du mit Brian sprichst und ihm sagst, er soll diese reizende Emmy lieber heiraten, bevor sie ihm ein anderer wegschnappt.« Sie strahlte. »Ich hab' auch genau das richtige Hochzeitsgeschenk für die beiden, jede Menge weißer Möbel.«

Es klingelte. Willy schlüpfte mit einiger Mühe in seinen Morgenrock und eilte zur Tür. Als er aufmachte, kamen Brian und Emmy hereinspaziert. Nach einem Blick in ihre freudestrahlenden Gesichter und auf die fest ineinander verschlungenen Hände meinte Willy: »Ich hoffe nur, daß Weiß eure Lieblingsfarbe ist.«

Quellennachweis

Anne Perry

Ihre spannenden Kriminalromane lassen das viktorianische Zeitalter wieder lebendig werden. Ein Muß für jeden Liebhaber der englischen Krimi-Tradition!

Ihre Romane im Heyne-Taschenbuch:

Frühstück nach Mitternacht
01/8618

Die Frau in Kirschrot
01/8743

Die dunkelgraue Pelerine
01/8864

Die roten Stiefeletten
01/9081

Ein Mann aus bestem Hause
01/9378

Wilhelm Heyne Verlag
München

Ellis Peters

Spannende und unterhaltsame Mittelalter-Krimis mit Bruder Cadfael, dem Detektiv in der Mönchskutte.

»Ellis Peters bietet Krimi pur.«   NEUE ZÜRICHER ZEITUNG

Wilhelm Heyne Verlag
München

HEYNE
BÜCHER

Mary Higgins Clark

»Mary Higgins Clark gehört zum kleinen Kreis der großen
Namen in der Spannungsliteratur.« *The New York Times*

Schrei in der Nacht
01/6826

Das Haus am Potomac
01/7602

Wintersturm
01/7649

Die Gnadenfrist
01/7734

Schlangen im Paradies
01/7969

Doppelschatten
Vier Erzählungen
01/8053

Das Anastasia-Syndrom
01/8141

Wo waren Sie, Dr. Highley?
01/8391

Schlaf wohl, mein süßes Kind
01/8434

Mary Higgins Clark (Hrsg.)
Tödliche Fesseln
Vierzehn mörderische Geschichten
01/8622

Träum süß, kleine Schwester
Fünf Erzählungen
01/8738

Schrei in der Nacht
Schlangen im Paradies
Zwei Psychothriller in einem Band
01/8827

**Schwesterlein, komm tanz
mit mir**
01/8869

Daß du ewig denkst an mich
01/9096

Wilhelm Heyne Verlag
München